La graphologie

en 10 leçons

Données de catalogage avant publication (Canada)

Santoy, Claude

La graphologie en 10 leçons

1. Graphologie. I. Titre. II. Titre : Graphologie en dix leçons.

BF892.S27 2000 155.2'82 C99-941886-6

DISTRIBUTEURS EXCLUSIFS:

• Pour le Canada
et les États-Unis:
MESSAGERIES ADP*
955, rue Amherst
Montréal, Québec
H2L 3K4
Tél.: (514) 523-1182
Télécopieur: (514) 939-0406
* Filiale de Sogides ltée

• Pour la France et les autres pays:
VIVENDI UNIVERSAL PUBLISHING SERVICES
Immeuble Paryseine, 3, Allée de la Seine
94854 Ivry Cedex
Tél.: 01 49 59 11 89/91
Télécopieur: 01 49 59 11 96
Commandes: Tél.: 02 38 32 71 00
Télécopieur: 02 38 32 71 28

• Pour la Suisse:
VIVENDI UNIVERSAL PUBLISHING SERVICES SUISSE
Case postale 69 - 1701 Fribourg - Suisse
Tél.: (41-26) 460-80-60
Télécopieur: (41-26) 460-80-68
Internet: www.havas.ch
Email: office@havas.ch
DISTRIBUTION: OLF SA
Z.I. 3, Corminbœuf
Case postale 1061
CH-1701 FRIBOURG
Commandes: Tél.: (41-26) 467-53-33
Télécopieur: (41-26) 467-54-66
Email: commande@ofl.ch

• Pour la Belgique et le Luxembourg:
VIVENDI UNIVERSAL PUBLISHING SERVICES BENELUX
Boulevard de l'Europe 117
B-1301 Wavre
Tél.: (010) 42-03-20
Télécopieur: (010) 41-20-24
http://www.vups.be
Email: info@vups.be

Pour en savoir davantage sur nos publications,
visitez notre site: **www.edhomme.com**
Autres sites à visiter: www.edjour.com • www.edtypo.com
www.edvlb.com • www.edhexagone.com • www.edutilis.com

L'Éditeur bénéficie du soutien de la Société de développement des entreprises culturelles du Québec pour son programme d'édition.

Nous remercions le Conseil des Arts du Canada de l'aide accordée à notre programme de publication.

Nous reconnaissons l'aide financière du gouvernement du Canada par l'entremise du Programme d'aide au développement de l'industrie de l'édition (PADIÉ) pour nos activités d'édition.

Dépôt légal : 1er trimestre 2000
Bibliothèque nationale du Québec

ISBN 2-7619-1537-2

Claude Santoy

La graphologie en 10 leçons

LES ÉDITIONS DE L'HOMME

Introduction

Amis et proches vous mettront en garde contre l'apprentissage de la graphologie. Ils vous diront que « la graphologie n'est pas une science ». Inutile de les contredire ; même la médecine n'est pas une science exacte. Répondez-leur tout simplement qu'ils ont raison, mais qu'il s'agit, en l'occurrence, d'une technique précise qui n'a rien en commun avec l'occultisme ou la voyance.

D'autres personnes, hostiles à la graphologie, affirmeront qu'une initiation ne sert à rien, car de longues années d'études, de cours et d'expérience sont nécessaires à une utilisation sérieuse de la graphologie.

Les tests qui se trouvent à la fin de ce petit manuel, de même que l'appréciation que vous ferez de l'écriture de vos proches, vous convaincront du contraire.

Inutile d'avoir une formation universitaire, d'être spécialement intelligent ou intuitif pour lire ce livre et acquérir les notions indispensables pour faire une analyse graphologique, que ce soit dans le contexte de la vie privée ou dans celui de la vie professionnelle.

Vous verrez qu'il est facile de progresser sans peine... tout en s'amusant !

Lorsque quelqu'un vous déclare qu'il refuse d'écrire, car il estime avoir un vilain graphisme, une écriture pour ainsi dire illisible, rassurez-le et expliquez-lui que la plupart des surdoués ont des écritures difficiles à déchiffrer. Les ordonnances des médecins sont un autre exemple — ce qui ne signifie nullement que ces derniers soient toujours particulièrement intelligents !

À l'opposé, un tracé très régulier, voire scolaire, souvent considéré comme « une belle écriture » adulte, peut révéler une régression infantile ou des défauts graves.

À court d'arguments, vos adversaires vous rétorqueront qu'ils jugent peu moral de vouloir analyser le caractère d'un sujet à partir de sa façon d'écrire, que ce soit dans un but privé ou professionnel.

Nos gestes, notre regard, notre sourire, le choix de nos vêtements et de notre coiffure — à moins que nous soyons chauve —, nos déplacements, le son de notre voix, jusqu'au choix d'un stylo pour écrire, tout est susceptible de révéler notre personnalité. À moins de vivre en ermite, il est impossible de se dissimuler constamment. Malgré le déploiement d'Internet, notre langage et notre écriture font encore partie de notre communication.

Notre nouvelle méthode rapide, en dix leçons, vous permet d'analyser des textes rédigés dans toutes les langues, même dans celles que vous ne connaissez pas, du moment que l'écriture se lit de haut en bas et de gauche à droite — ce qui exclut le chinois, le japonais et l'arabe. Il est en effet inutile de comprendre le contenu pour entreprendre l'analyse. Il faut cependant être informé de l'âge, du sexe et de la profession ou de la formation du sujet, car il convient d'être plus tolérant envers un manuel ou un technicien qui écrit rarement, qu'envers un universitaire.

L'histoire de la graphologie

Depuis toujours l'homme s'est intéressé à l'interprétation psychologique de l'écriture.

Dès le XIe siècle, le Chinois Kuo Jo Hsu a proclamé qu'il est possible de distinguer « l'homme noble de l'homme ordinaire », sur le plan de la moralité, grâce à la graphologie. En 1662, à Bologne, l'éminent professeur Camillo Baldo publia un traité intitulé *De la manière de connaître la nature et les qualités de l'auteur par une lettre missive,* dont le contenu est plus philosophique que scientifique. En tant que technique précise et applicable, la graphologie a essentiellement évolué depuis la fin du XIXe siècle. Le savant allemand Lavater fit imprimer plusieurs études sur la connaissance de l'être humain à travers son écriture, dans divers almanachs. En France, ce fut l'abbé Michon qui intensifia et rationalisa l'étude de l'écriture manuscrite. *Les Mystères de l'écriture* et *La Méthode pratique* de Jean Hippolyte Michon, parus en 1869, traduisent l'esprit de recherche en la matière de l'époque. Michel Desbarolles fut également un adepte de l'étude du graphisme.

Plus tard, au XXe siècle, les Suisses Max Pulver et le dentiste Crépieux-Jamin, ont consacré leur vie à l'étude approfondie de la graphologie et à son utilisation. Ils ont publié un grand nombre d'ouvrages très cartésiens sur le sujet. Dans une certaine mesure leur enseignement est toujours valable, bien que nous ne vivions et n'écrivions plus de la même manière qu'au début du XXe siècle. Ils eurent des adeptes, parmi lesquels Klages et de Salberg, Cobbaert que j'ai bien connu, sans oublier les docteurs Resten, Joire et Caron. Il est évident que des connaissances médicales et psychologiques se révèlent complémentaires pour l'interprétation de l'écriture et du caractère de l'homme.

L'évolution des recherches graphologiques s'est intensifiée depuis 1970, et la technique s'est affinée.

Notre ouvrage fait état des découvertes les plus récentes. Il est illustré d'un grand nombre de spécimens d'écritures variées qui permettent de progresser par analogie. L'analogie est la base de notre enseignement.

Conseils pratiques

Choisissez quelques cartes postales ou lettres courtes, spontanées, qui vous ont été personnellement adressées, et posez-les à côté du présent ouvrage. Au fur et à mesure que vous ferez des progrès, elles vous inciteront à y jeter un coup d'œil. Vous apprécierez alors vos découvertes, et vous sentirez stimulé dans vos études qui seront ainsi plus vivantes.

Ces missives doivent impérativement avoir été écrites sur une feuille sans lignes ni carreaux, et dans la langue maternelle du sujet ou dans la langue dans laquelle il est le plus à l'aise.

Répétons que vous devez toujours connaître l'âge, le sexe et la formation ou la profession de la personne qui a écrit. La missive peut avoir été rédigée avec un stylo plume, un stylo à bille ou un feutre. Il est impossible d'analyser une écriture qui provient d'un crayon à papier ou de couleur, car la pression de la main est effacée. Nous verrons l'importance de cette pression plus loin.

Le glossaire

Inutile de l'apprendre par cœur. Il vous suffit de le parcourir et de vous y référer chaque fois que vous tombez sur un mot ou sur une expression technique qui ne vous est pas tout à fait familier. Ce glossaire alphabétique est illustré.

Un seul signe, dans une lettre ou à l'intérieur d'un mot, n'a qu'une signification réduite. Il faut qu'il se répète plusieurs fois dans le même texte pour se voir attribuer une certaine crédibilité. Le cumul d'un ou de plusieurs signes est donc nécessaire pour pouvoir affirmer une caractéristique propre à l'auteur.

Le trait d'une écriture peut se définir comme suit :

Acéré ou **Gladiolé** : Trait qui finit en pointe comme un glaive, ou mot qui diminue de taille.

Signification : humour caustique, impatience, irritabilité, duplicité, agressivité cachée, pulsions destructrices.

★ ★ ★

Anguleux : Écriture où les angles prédominent.

Signification : virilité, ambition, agressivité, matérialisme, égoïsme, méchanceté.

★ ★ ★

Arqué : Liaison, majuscules, « n » et « m » très arrondis en haut.

Signification : charme enfantin, capacité de manipuler autrui, fiabilité réduite, arrogance.

* * *

Bâtonné : Lettres réduites à un bâton, ou tracés verticaux trop réguliers et monotones.

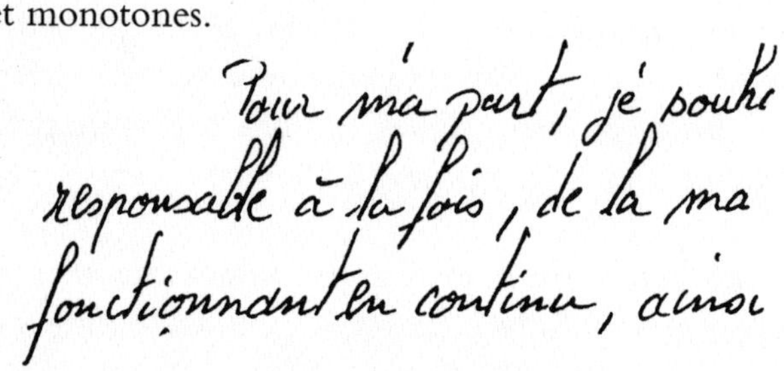

Signification : pragmatisme, dureté, égoïsme, cruauté.

* * *

Boueux : Écriture pâteuse aux voyelles encrées, peu nettes, tracé mou. À examiner à la loupe.

Signification : sensualité exacerbée, fantasmes de débauche, sadisme sexuel, perversions sexuelles, duplicité, hypocrisie, cruauté cachée, santé physique et psychique précaire, hypertension artérielle.

* * *

Brisé : Tracé interrompu, lettres faites de plusieurs traits.

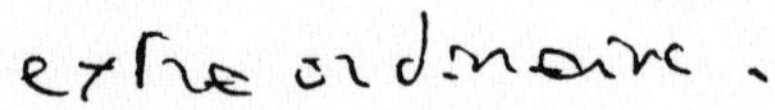

Signification : problèmes cardiovasculaires, hypertension, angoisse, asthme, lésions du système nerveux, santé précaire.

* * *

Confus ou **Discordant** : Lettres difficiles à reconnaître, écrites de différentes façons dans le même texte ; les « a », les « o » et les « u », par exemple, se ressemblent.

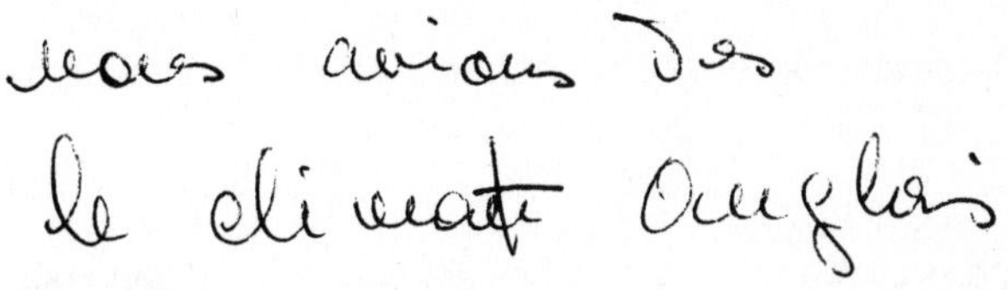

Signification : instabilité, mensonge, égocentrisme, confusion d'esprit, hypocrisie.

* * *

Filiforme : Ressemblant à un fil, écriture étirée.

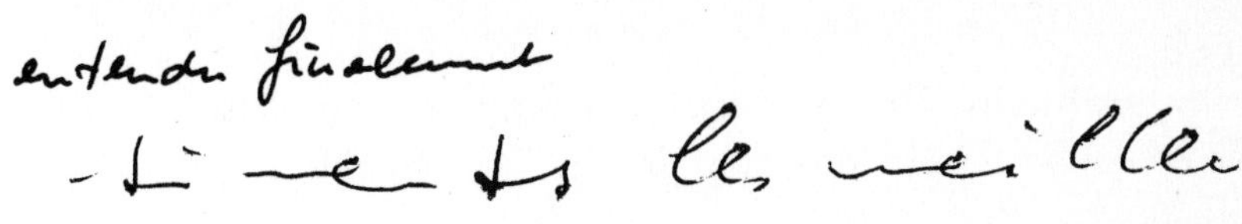

Signification : diplomatie, mensonge, aptitudes commerciales, agitation, peur, angoisse, fuite, fourberie, ruse.

* * *

Fioritures : Tracés superflus.

Signification : manque de culture, bêtise, manque de maturité, jalousie, mensonge, fourberie, vol.

* * *

Guirlandes : Les « m » et les « n » sont en forme de « w » ou de « u ».

Signification : amabilité, sociabilité, charme, susceptibilité, émotivité. Le sujet risque de se laisser influencer.

* * *

Hampe : Partie montante de la lettre, la boucle du « l » par exemple.

★ ★ ★

Inhibé : Écriture régressive (penchée à gauche), ralentie, retouchée, d'aspect artificiel ou scolaire, trop serrée.

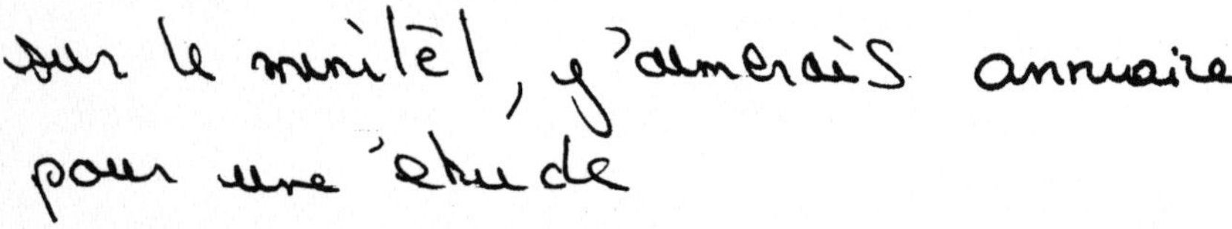

Signification : inhibitions, complexes d'infériorité, fourberie, dissimulation, mensonge, névrose latente.

★ ★ ★

Jambages : Partie de la zone inférieure d'une lettre, le bâton du « p » ou la boucle inférieure du « g », par exemple.

★ ★ ★

Jointoyé ou **Enroulé** : Lettres fermées de plusieurs traits.

Signification : aptitudes commerciales, dissimulation, mensonge, narcissisme, autoérotisme excessif.

★ ★ ★

Juxtaposé : Lettres détachées les unes des autres.

Signification : recherche de clarté, intuition.

★ ★ ★

Lancé : Traits qui dépassent leur hauteur normale, soit à l'intérieur, soit à la fin du mot.

Signification : enthousiasme juvénile qui peut déboucher sur l'emportement, colère, impatience, violence, arrogance.

★ ★ ★

Lassos : Enroulé en lassos.

Signification : persévérance, ténacité. Dans le « s » le lasso signifie la jalousie et désigne un sujet possessif.

★ ★ ★

Lié : Toutes les lettres sont liées les unes aux autres.

Signification : esprit analytique et déductif, attachement familial, mémoire visuelle.

★ ★ ★

Massué : Tracés qui s'épaississent subitement, sans raison.

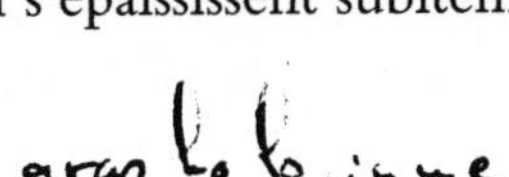

Signification : ambivalence, schizophrénie, alcoolisme, toxicomanie.

★ ★ ★

Ovalisé : Tracés de la zone médiane ovalisés.

Signification : ambivalence, manque de sincérité, féminité.

* * *

Progressif : Écriture penchée vers la droite.

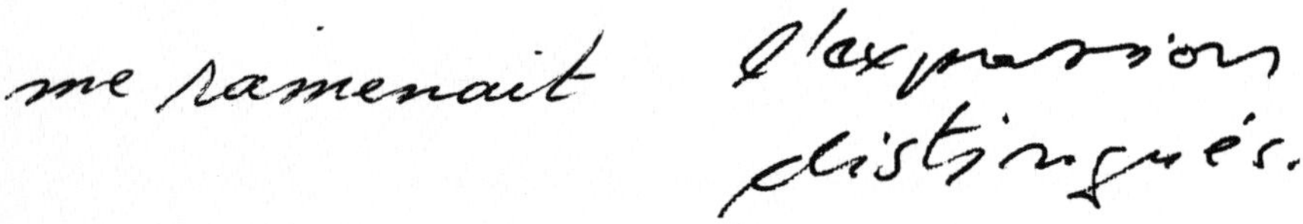

Signification : ambition, dynamisme, joie de vivre, passion, spontanéité.

* * *

Régressif ou **Sinistrogyre** : Écriture penchée à gauche.

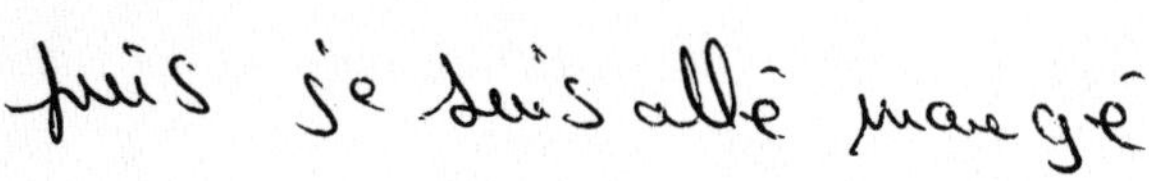

Signification : romantisme, sentimentalité, inhibition, manque de spontanéité, réflexion, hésitation, dissimulation, mensonge, fourberie, égocentrisme, égoïsme.

* * *

Sinueux : Ligne de base ondulante (mettez votre règle sous l'écriture à analyser !)

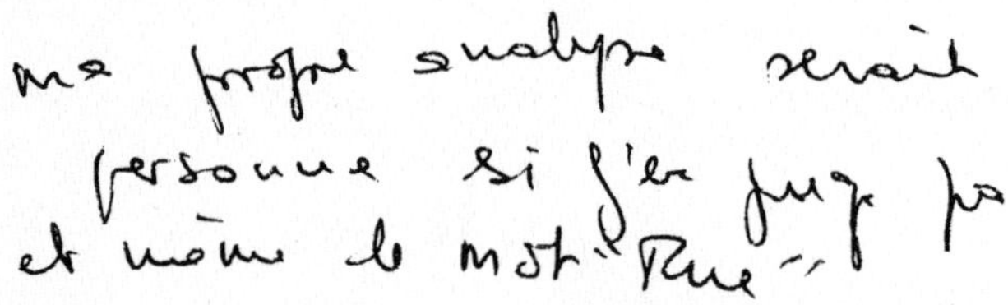

Signification : intelligence, vivacité d'esprit (si la ligne de base est trop sinueuse, cela signifie l'instabilité et l'hypocrisie).

* * *

Suspendu : Lettres qui ne touchent pas la ligne de base ou qui ne se terminent pas.

Signification : susceptibilité, faiblesse, peur, mensonge.

* * *

Tordu : Lettres ou tracés tordus.

Signification : souffrance physique ou morale, maladie.

Première leçon

La dimension de l'écriture

Grande

Environ 1 cm pour les majuscules et 4 mm pour les minuscules.

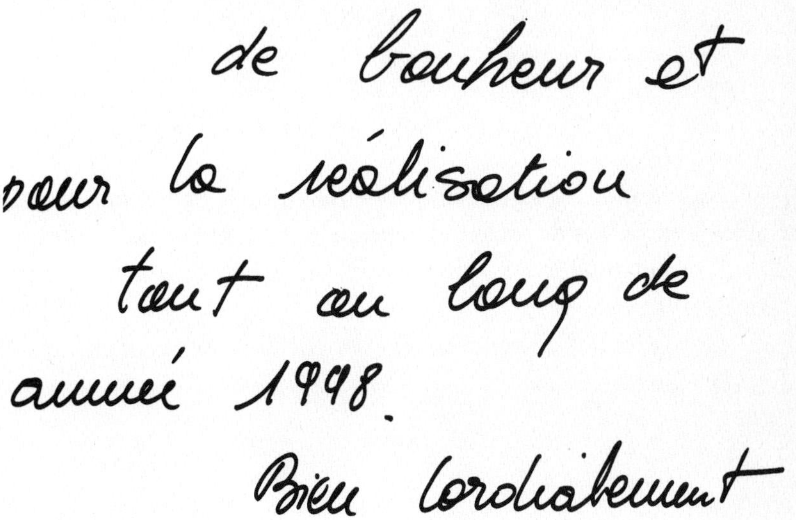

Signification : très variable. Une telle écriture peut être le fait d'un sujet sain, équilibré, ambitieux, loyal et entreprenant, mais tout aussi bien d'un individu orgueilleux et arrogant. C'est l'interaction entre la dimension de l'écriture, et les autres signes contenus dans le graphisme que nous allons découvrir petit à petit, qui détermine le résultat de l'analyse.

Il s'agit, en l'occurrence, de l'écriture d'une femme d'affaires dynamique et fiable. Elle est équilibrée et motivée par son activité qu'elle a choisie.

* * *

Voici un autre exemple de grande écriture, celle d'une étudiante de vingt ans. Les écritures grandes proviennent presque toujours de femmes ou d'enfants.

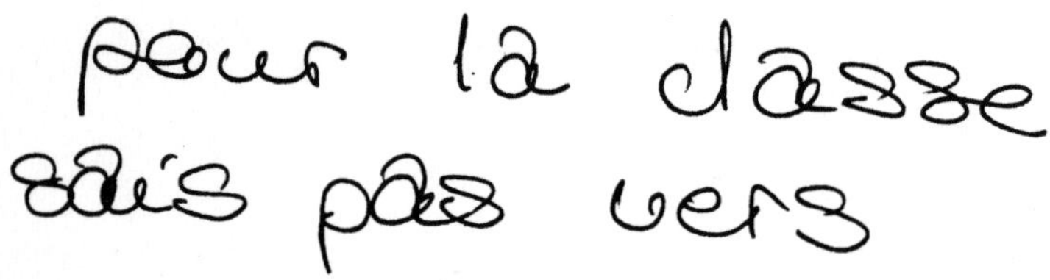

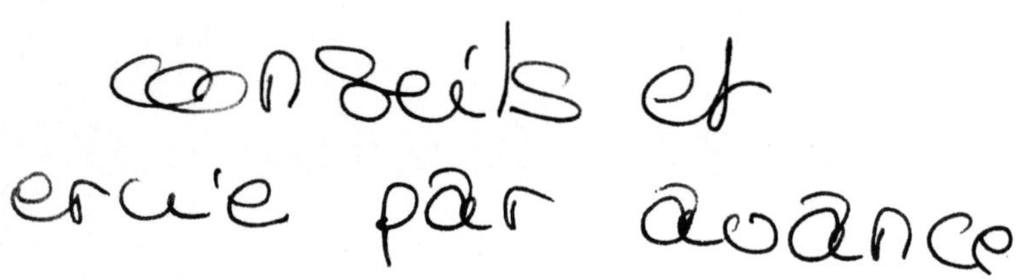

Signification : le sujet manque de maturité. Il est très enfantin. Les rondeurs excessives de ses lettres expriment un grand besoin d'affection.

Il aurait intérêt à se diriger vers un métier manuel comme la mode ou la cuisine.

Les lignes qui descendent légèrement illustrent la dépression de la jeune fille.

* * *

Petite

Environ 5 mm pour les majuscules et 2 mm pour les minuscules.

Signification : assez variable aussi. Cette écriture peut aller de pair avec la bonne culture et l'intelligence, mais aussi avec des problèmes psychiques. Ce sont les autres signes de l'écriture qui permettent d'en décider.

Le graphisme assez petit est plus courant chez les hommes.

Cet exemple de petite écriture appartient à une jeune agrégée de lettres de quarante ans.

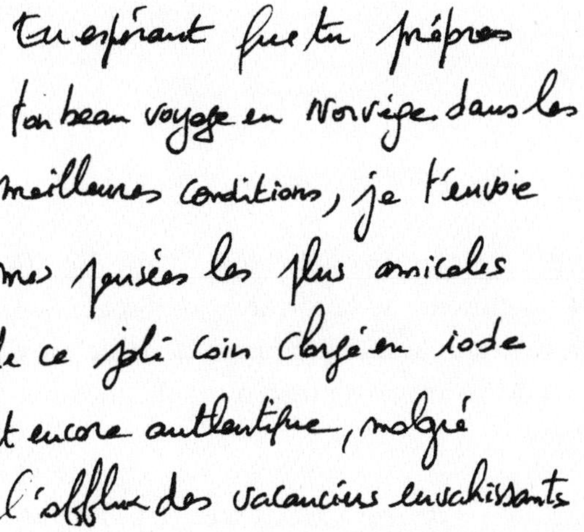

La pression de sa plume est régulière ; le sujet est en bonne santé. Le graphisme est lié, rapide et précis comme l'esprit de la personne. Les rondeurs des lettres expriment un besoin d'affection.

* * *

Voici une autre petite écriture, qui provient de la main d'un banquier. Les lettres ont des formes qui varient légèrement. Examinez-les à la loupe ! Le sujet cherche à dissimuler le fond de sa pensée. Il est très diplomate.

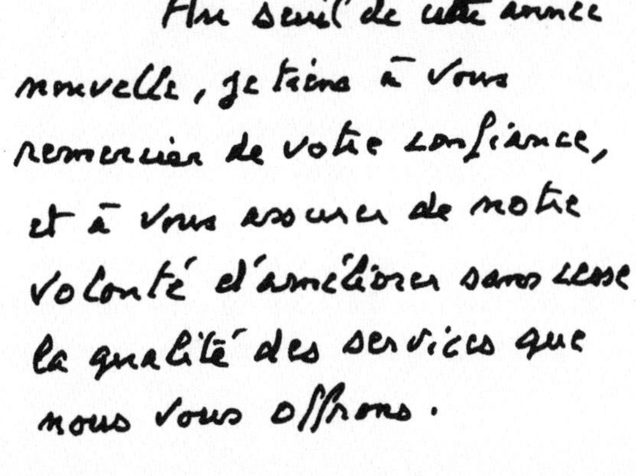

Le tracé est rapide, mais souvent un peu tordu. Visiblement l'homme est intelligent, stressé et angoissé. Ses responsabilités lui pèsent.

★ ★ ★

MOYENNE

Environ 7 mm pour les majuscules et 3 ou 4 mm pour les minuscules.

L'écriture de dimension moyenne a une signification réduite qui dépend, notamment, de la forme et de l'inclinaison des lettres.

Voici deux exemples de graphisme de taille moyenne.

Il s'agit ici de l'écriture d'une femme de quarante-sept ans, professeur de lettres.

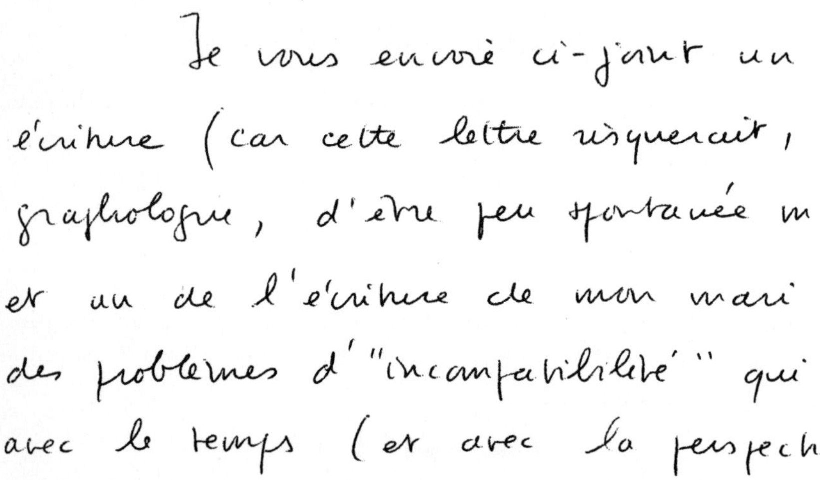

Son graphisme est régulier, léger, rapide et précis. Il dénote un esprit vif et cartésien. Le sujet comprend tout au quart de tour. La forme des lettres est ronde et anguleuse ; il existe un bon équilibre entre la raison et l'affectivité. L'esprit analytique et déductif se remarque aux lettres liées. La ligne de base est très légèrement ondulée. La personne est très intelligente. La pression du stylo à bille est légère, mais régulière. Elle illustre la bonne santé physique et psychique.

★ ★ ★

Le spécimen suivant appartient à un homme de soixante ans. Il est écrivain et conservateur de musée.

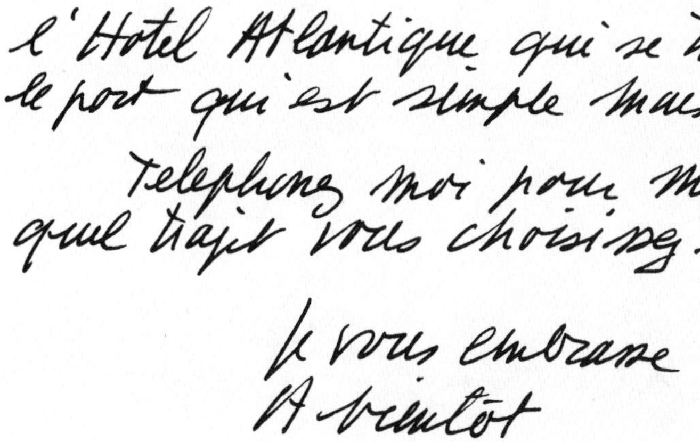

L'écriture est assez claire, liée et anguleuse. Elle comporte quelques crochets, et quelques tracés effilés qui se terminent en pointe. Les jambages sont irréguliers, tordus ou ouverts. L'homme est souvent rancunier. Bien que viril, il ne cache pas son homosexualité. Les angles illustrent la virilité. Le tracé épais avec les jambages ouverts, de même que les finales épaisses et prolongées, sont fréquents chez les homosexuels et chez les bisexuels. La ponctuation élevée montre l'imagination et la créativité intellectuelle du sujet.

* * *

Dimensions excessives

Trop grande

La majorité des personnes qui écrivent ainsi possèdent une certaine créativité artistique manuelle, réelle ou latente. Les artistes, qu'ils soient sculpteurs, peintres, dessinateurs de mode ou acteurs, écrivent fréquemment de cette manière. Leur passion comporte un côté juvénile, enfantin.

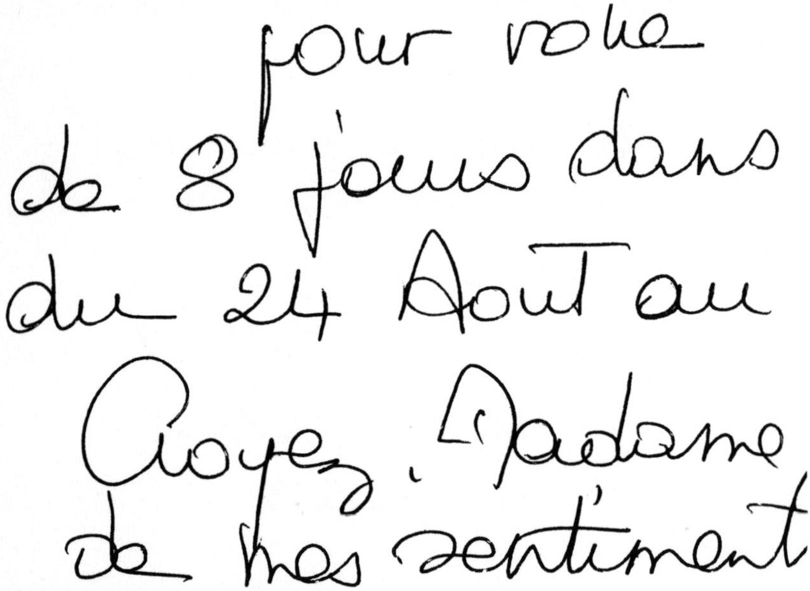
pour votre
de 8 jours dans
du 24 Aout au
Croyez, Madame
de mes sentiment

L'exemple ci-dessus émane d'une jeune fille de vingt-trois ans, élève de l'école hôtelière. Elle est douée pour la cuisine et la communication.

La rondeur des lettres montre qu'elle est très affectueuse. Les arcades illustrent sa capacité de manipuler autrui dans son sens, et l'enroulement des voyelles est propre aux gens qui sont doués pour le commerce.

Le sujet a bien choisi sa profession.

⋆ ⋆ ⋆

Trop petite

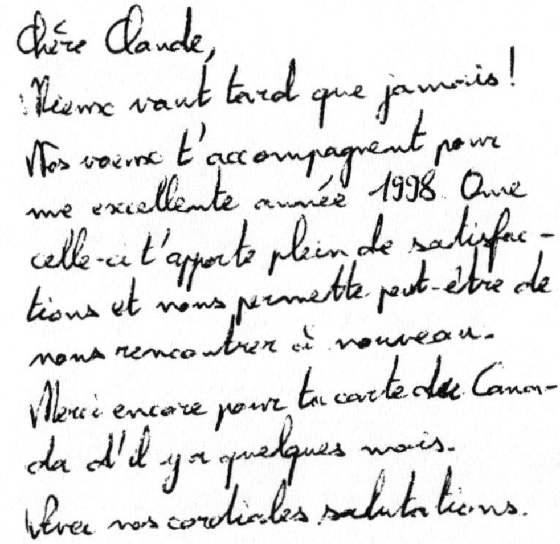
Chère Claude,
Mieux vaut tard que jamais!
Nos voeux t'accompagnent pour une excellente année 1998. Que celle-ci t'apporte plein de satisfactions et nous permette peut-être de nous rencontrer à nouveau.
Merci encore pour ta carte du Canada d'il y a quelques mois.
Avec nos cordiales salutations.

Vous trouverez de telles écritures essentiellement chez les intellectuels masculins. Ils sont supérieurement intelligents, ont l'esprit très vif et une grande capacité de concentration. Dans la vie privée, ils se montrent égoïstes, égocentriques, parfois avares. Les finales des lettres sont absentes ou anguleuses, les voyelles sont enroulées, en guirlandes ou boueuses. Lorsque ces mêmes voyelles sont ouvertes à gauche, comme c'est le cas dans l'exemple ci-dessous, vous pouvez être certain que le sujet est extrêmement diplomate, et qu'il sait mentir lorsqu'il le juge utile.

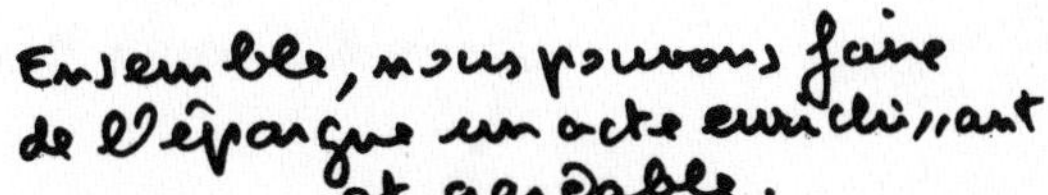
Ensemble, nous pouvons faire de l'épargne un acte enrichissant et agréable.

* * *

Longueur excessive des jambages

Comme vous le savez déjà depuis l'étude du glossaire, les jambages se situent sous la ligne de base et se trouvent dans les «p», les «f», les «j», les «g» et les «q».

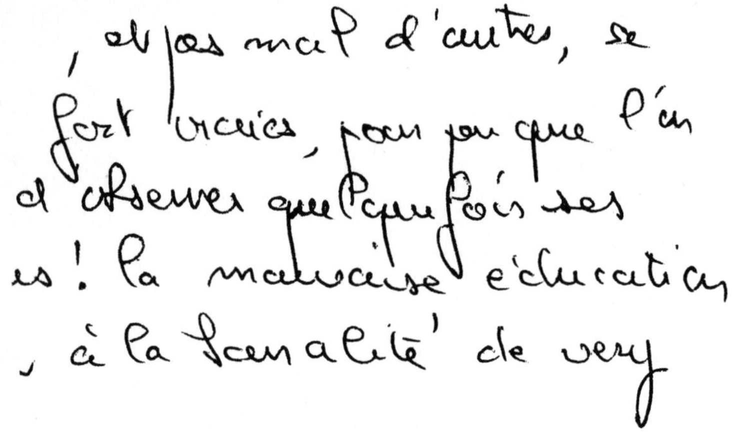

Leur longueur excessive signifie des ambitions matérielles et sexuelles, des frustrations dans ces mêmes domaines, un besoin de dépense physique, de la vitalité et une libido forte.

* * *

Hauteur excessive des hampes

Répétons qu'il s'agit de tous les tracés qui se situent au-dessus de la zone médiane. Ils incluent les lettres majuscules ainsi que les «t», les «b», les «d», les «f», les «h», et les «l».

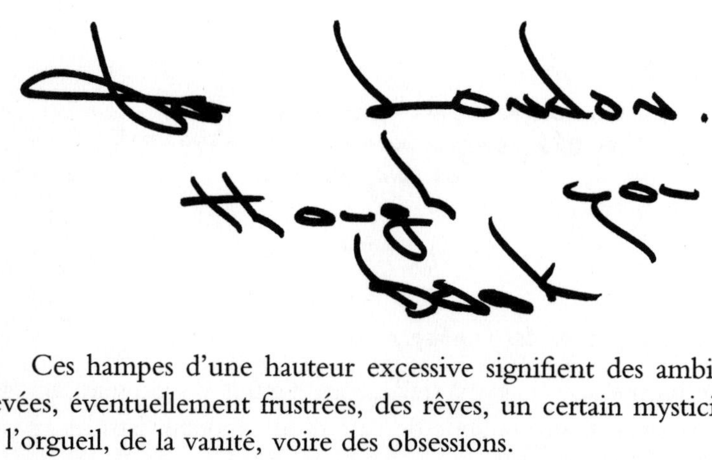

Ces hampes d'une hauteur excessive signifient des ambitions élevées, éventuellement frustrées, des rêves, un certain mysticisme, de l'orgueil, de la vanité, voire des obsessions.

* * *

Autres exemples d'excès ou de changement de dimension à l'intérieur des mots d'une même écriture

Le graphisme de grands artistes, voire de génies, révèle de tels excès. Les deux écritures suivantes illustrent ce fait.

Dans le glossaire vous avez déjà rencontré l'écriture filiforme ; son tracé s'étire comme un fil, jusqu'à devenir illisible. Ce graphisme appartient à des sujets supérieurement intelligents. Leur esprit est vif et ils possèdent le plus souvent une créativité artistique et intellectuelle. Cela ne les empêche pas de se montrer diplomates et très doués pour les affaires.

Philippe Sollers, écrivain, cinquante-cinq ans

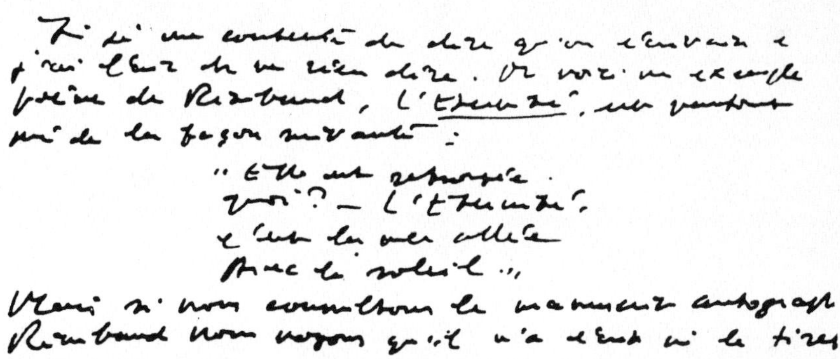

Le graphisme est rapide, filiforme, progressif, c'est-à-dire penché vers la droite, rond et lié. De nombreuses voyelles sont remplies d'encre, ce qui est fréquent chez les gens qui ont des fantasmes de débauche.

Le sujet est affectueux et sociable.

★ ★ ★

Dans l'écriture de Serge Lifar, la dimension des lettres minuscules à l'intérieur des mots varie beaucoup.

Serge Lifar, danseur et chorégraphe, soixante ans

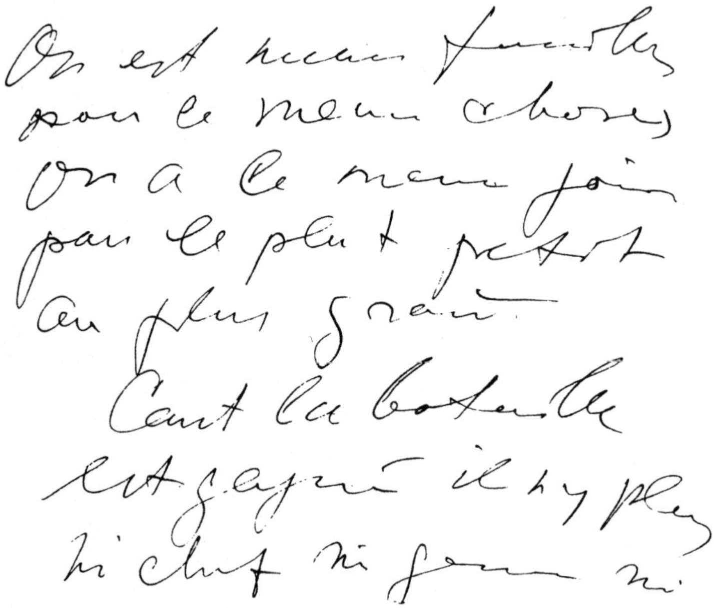

Son écriture est rapide, légère, groupée et très ronde. Les jambages sont variés, souvent enflés et tordus. La dimension du graphisme est assez grande. Certaines lettres sont suspendues et la ligne de base est très sinueuse. Les discordances sont nombreuses. Les espaces sont souvent étranges et irréguliers. L'ensemble évoque la danse. Le sujet est très affectueux. Sa libido est ambivalente — ce qui n'est qu'un euphémisme !

⋆ ⋆ ⋆

Deuxième leçon

La forme de l'écriture

Bien que les exemples soient variés, ce chapitre revient sur un certain nombre de caractéristiques déjà évoquées dans le glossaire et au cours de la première leçon. C'est tout à fait normal. Cela aide à aiguiser progressivement votre appréciation du graphisme.

Répétons qu'il faut toujours travailler sur un document sans lignes ni carreaux, écrit spontanément dans la langue natale ou dans celle dans laquelle le sujet est le plus à l'aise. Évitez les photocopies !

Si la personne choisit le feutre à la place de la plume ou du stylo à bille, cela signifie qu'elle a un grand besoin d'affection. Le tracé du feutre est plus doux et jamais aussi précis que ceux du stylo à bille ou du stylo plume ; encore faut-il, bien entendu, que le stylo à bille soit de bonne qualité pour faire l'analyse. Il est impossible de faire une analyse d'un spécimen écrit au crayon à papier ou en couleur.

Ronde

Elle traduit l'affectivité ou le besoin d'affection du sujet.

Plus fréquente chez la femme et la jeune fille, elle traduit également une certaine candeur et la tendance à séduire et à charmer d'une personne.

Elle peut être ronde et grande ou ronde et petite, de même que liée ou juxtaposée. Il existe même des écritures très rondes et enchevêtrées.

Voici quelques exemples d'écritures essentiellement rondes et leurs significations.

Ces appréciations s'ajoutent, bien entendu, à toutes celles qui proviennent de la dimension et de l'inclinaison du tracé, de la pression de la main sur la plume, et des espaces, entre autres, comme vous l'apprendrez par la suite.

Ronde et petite

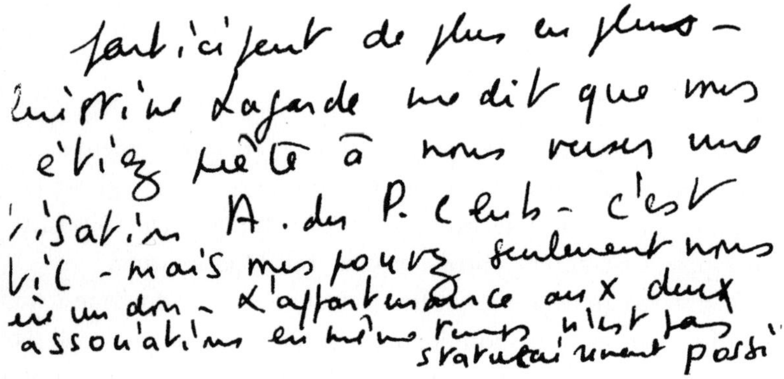

Elle appartient à une femme de cinquante ans, très cultivée et intelligente. La rapidité de l'écriture illustre la vivacité intellectuelle du sujet. Les lettres sont rondes et liées. La personne est affectueuse et sociable. La ponctuation et les « m » en arcades montrent cependant qu'elle sait manipuler autrui dans son sens et qu'elle est capable d'être autoritaire. Un certain emportement est à noter dans le tracé montant en finale de la lettre « t ».

C'est une femme qui a du caractère.

★ ★ ★

Ronde et grande

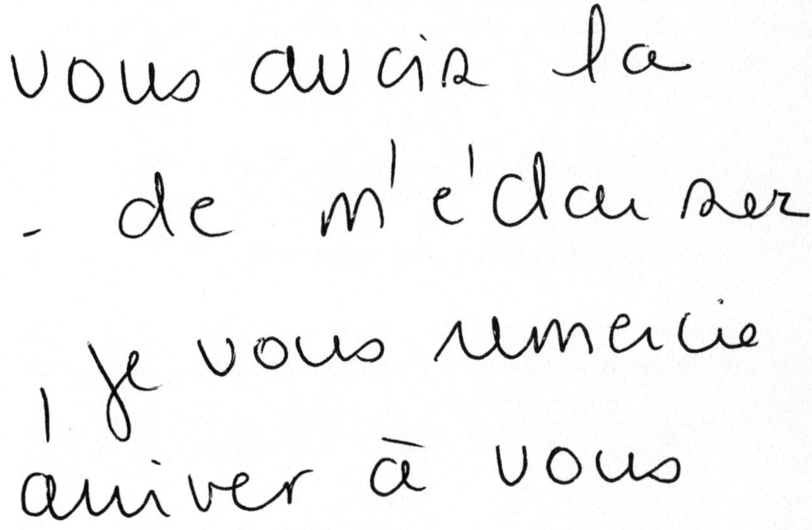

Il s'agit de l'écriture d'une femme de vingt-huit ans, décoratrice, qui possède des dons plutôt manuels. L'affectivité de cette femme a un côté enfantin, voire infantile. Son besoin d'affection est excessif.

* * *

Ronde et de dimension moyenne

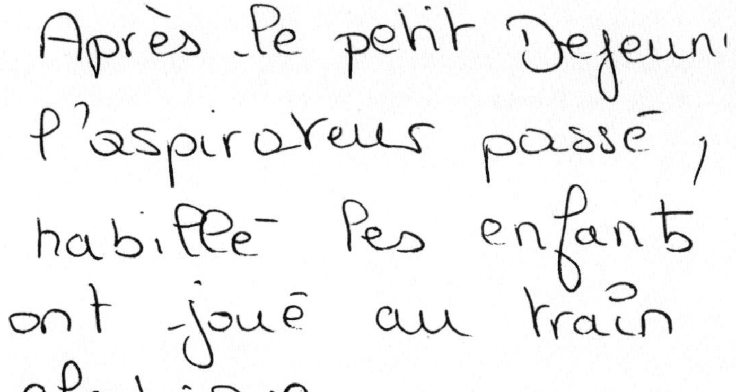

L'écriture provient d'une femme mariée qui s'occupe de ses enfants. Son côté affectif et extrêmement juvénile s'exprime dans le graphisme rond et lent, et dans les points par moments ronds et enroulés sur les « i ».

* * *

Ronde et enchevêtrée

Comme vous le savez déjà, il est possible d'analyser des spécimens d'écriture dans toutes les langues européennes sans connaître celles-ci, car il ne faut jamais lire le contenu.

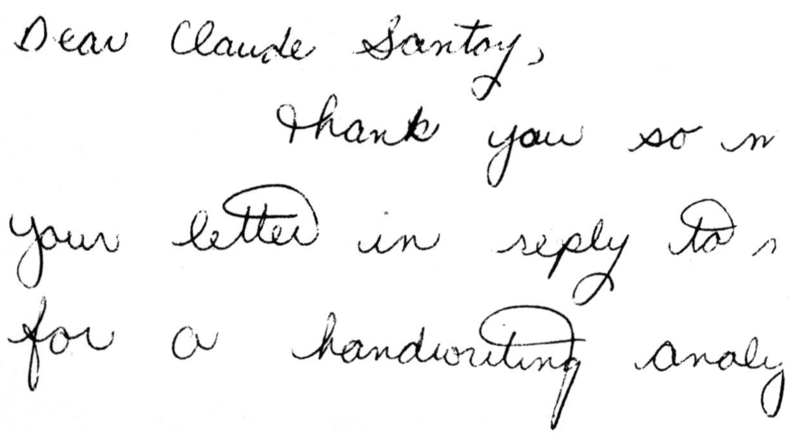

Ce graphisme appartient à une jeune étudiante très affectueuse et possessive, comme le montrent les finales qui enroulent les mots.

L'entame des lettres en coupe ouverte, comme dans les « t », les « f » et les « h », illustre le sens de l'humour de cette étudiante.

* * *

Anguleuse

Ici les angles prédominent, en haut comme en bas. Ce genre d'écriture était plus fréquent autrefois, au début du siècle. Il illustre la virilité intellectuelle, une agressivité qui peut, dans certains cas, se transformer en méchanceté. Lorsque les angles se trouvent dans des crochets régressifs, comme nous le verrons par la suite, c'est que le sujet est dangereux. Il peut détruire autrui physiquement et mentalement.

Très souvent le psychopathe et le schizophrène ont un graphisme anguleux et monotone, c'est-à-dire trop régulier.

* * *

Voici l'écriture plutôt anguleuse d'un journaliste équilibré et très dynamique de cinquante ans.

Ses buts sont élevés et dépassent souvent les opportunités qui se présentent à lui, ce qui est propre à créer des frustrations sur tous les plans (remarquez les hampes surélevées et les jambages prolongés).

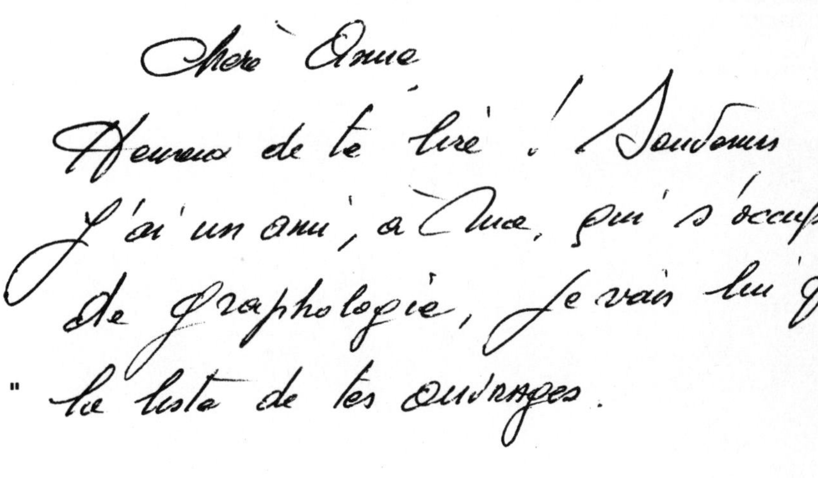
Chère Anne
Heureux de te lire ! [illegible]
J'ai un ami, à Nice, qui s'occupe
de graphologie, je vais lui [illegible]
la liste de tes ouvrages.

* * *

L'exemple suivant appartient à une malade mentale. Le graphisme est anguleux et extrêmement monotone. Cette femme a quarante ans.

After a gruelling business journey that had taken me through five countries in two weeks, I finally succumbed to fatigue. Yet one final assignment in Beijing remained. Fortunately, my retreat into The Palace refreshed my body and soothed my soul. Its traditional charm and modern sophistication led me toward exquisite serenity like a path paved with silk.

* * *

RONDE ET ANGULEUSE (MÉLANGÉE)

Un tel graphisme illustre un équilibre parfait entre la féminité et la virilité.

Je me suis occupée à ranger la chambre de mon fils, puis j'ai cuisiné pour le repas de midi.

Ces lignes proviennent de la main d'une jeune femme de quarante ans, professeur de lettres modernes. Les entames (débuts des mots), arrondies et en coupe ouverte, indiquent son sens de l'humour.

* * *

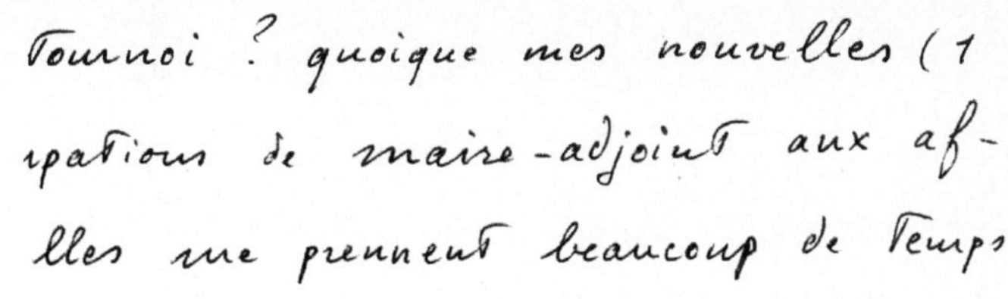
Tournoi ? quoique mes nouvelles (1
ipations de maire-adjoint aux af-
lles me prennent beaucoup de temps

Voici l'écriture d'un homme de soixante ans, très cultivé et intelligent. Son graphisme est très équilibré, rond et anguleux, petit et rapide. Ses « t » en arcades montrent qu'il peut être autoritaire. Il ne se laisse pas influencer.

★ ★ ★

En guirlandes

Dans cette écriture, les « m » et les « n » ont la forme du « w » et du « u »; ils peuvent aussi être annelés, comme les « a » du deuxième exemple ci-dessous.

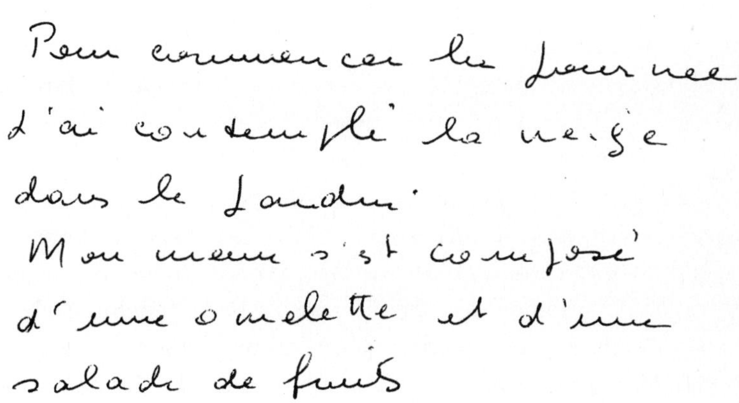
Pour commencer la journée
j'ai contemplé la neige
dans le jardin.
Mon menu s'est composé
d'une omelette et d'une
salade de fruits

Ce directeur commercial a trente-huit ans. Il aime plaire et séduire en affaires comme dans sa vie privée. C'est en général le cas, lorsque le sujet a une écriture en guirlande.

★ ★ ★

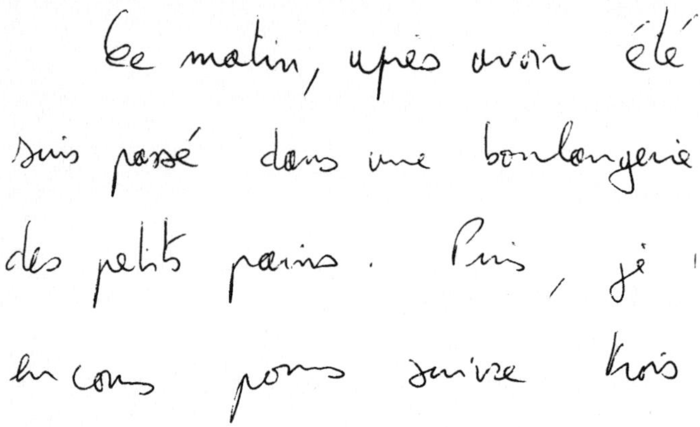

Le graphisme ci-dessus appartient à un jeune étudiant de vingt-deux ans. Il comprend des guirlandes et beaucoup de voyelles annelées. Le sujet cherche à dissimuler son besoin de séduire. Les espaces excessifs entre les mots montrent son besoin d'indépendance et de liberté.

⋆ ⋆ ⋆

Bâtonnée

Comme toutes les autres formes d'écriture, la forme bâtonnée peut être couplée avec le graphisme monotone et anguleux, entre autres.

Vous avez toujours, à côté du manuel, un échantillon de l'écriture d'un ami, et vous notez sur une feuille toutes les significations qui s'y rapportent. À la fin de la lecture de ce livre, vous ferez la synthèse de l'ensemble de vos remarques. Cette synthèse vous donnera un portrait assez précis de la personne en question. Lors de votre rencontre ultérieure avec cet ami, celui-ci confirmera ou infirmera vos découvertes.

Le sujet autant que vous-même serez étonnés du résultat !

Dans l'écriture qui suit, les bâtons sont rigides et répétitifs. Ils sont visibles dans les hampes et dans les jambages.

Ces bâtons illustrent la dureté, le matérialisme, la méchanceté, l'agressivité ou la cruauté. Lorsqu'ils sont exagérément prolongés, ils témoignent des frustrations du sujet dans divers domaines : les hampes prolongées signifient des frustrations intellectuelles ou professionnelles, les jambages prolongés indiquent des frustrations matérielles ou sexuelles.

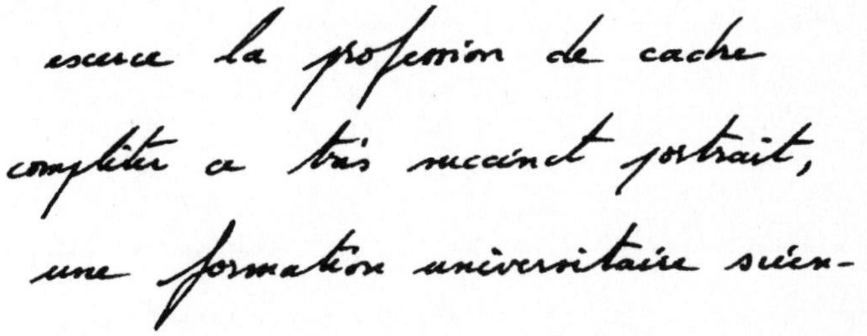

Voici le graphisme bâtonné d'un homme de cinquante ans qui dirige une petite société. Il réussit bien en affaires. Il n'est cependant pas facile de travailler avec lui, et encore moins de partager sa vie privée.

* * *

Discordante

Répétons que le mot « discordant » veut dire que les mêmes lettres dans un même texte ont des formes variées, souvent difficiles à reconnaître. La lecture d'un tel manuscrit n'est pas facile.

Cette manière d'écrire illustre la dissimulation, la ruse, le mensonge, l'instabilité, le déséquilibre, les inhibitions et la névrose du sujet.

Voici l'écriture discordante d'une femme de quarante-cinq ans, antiquaire.

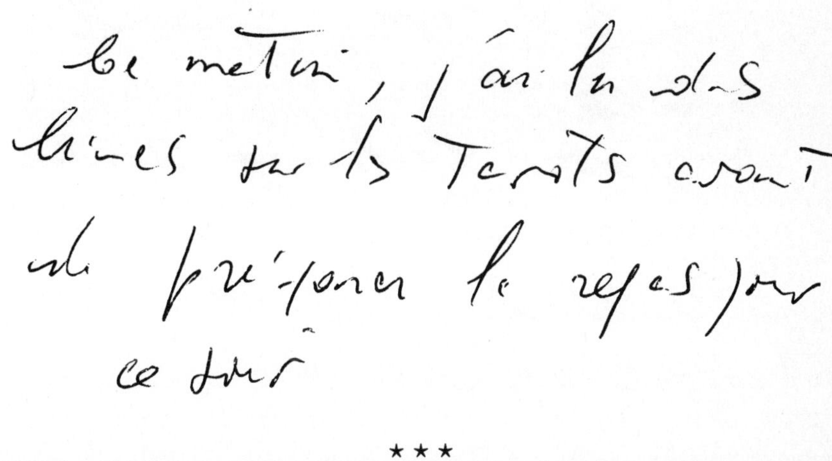

* * *

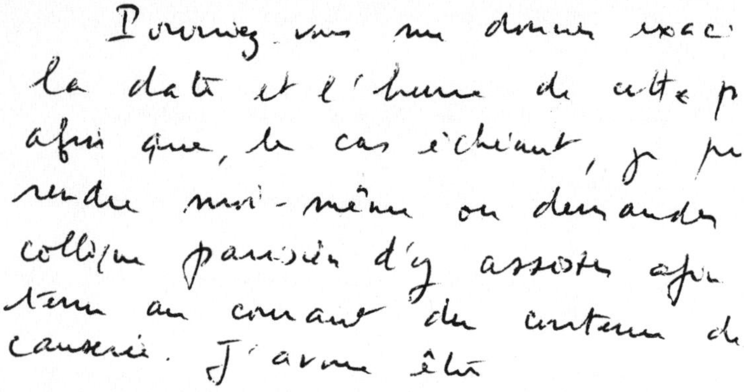
Pourriez-vous me donner exac
la date et l'heure de cette p
afin que, le cas échéant, je p
rendre moi-même ou demander
collègue parisien d'y assister afin
tenir au courant du contenu de
causerie. J'aurai été

Le graphisme ci-dessus est celui d'un agrégé de lettres. Il a soixante ans.

* * *

ENROULÉE

Les enroulements se produisent en général dans les lettres « a », « o » et « d ». Ils indiquent les capacités commerciales, la ruse et la dissimulation du sujet.

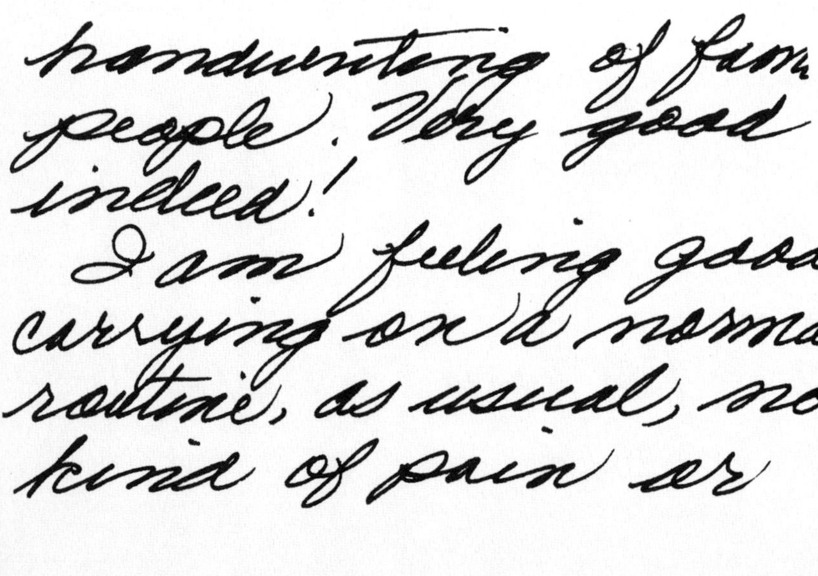
handwriting of famo
people. Very good
indeed!
I am feeling good
carrying on a norma
routine, as usual, no
kind of pain or

Dans le graphisme précédent même les « g » et les « p » sont enroulés. La femme a soixante ans. Elle était championne de patinage artistique et s'est reconvertie dans l'immobilier avec succès.

★ ★ ★

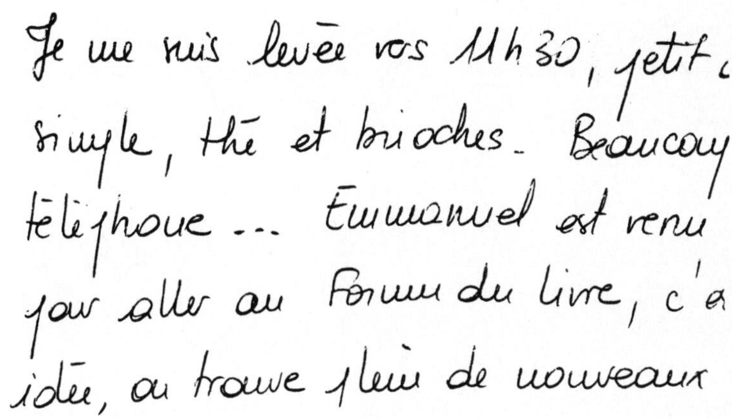

La femme au foyer qui a écrit ces lignes a trente-cinq ans. Elle est très honnête. Ses dons sont essentiellement manuels et commerciaux. Plus tard, lorsqu'elle aura élevé ses enfants, elle espère ouvrir un petit magasin de mode.

★ ★ ★

Enchevêtrée et confuse

Cette forme s'observe chez les drogués, les alcooliques, les malades mentaux atteints de troubles graves. Leur écriture, illisible, a un aspect étrange. Elle se distingue totalement de l'écriture illisible des surdoués.

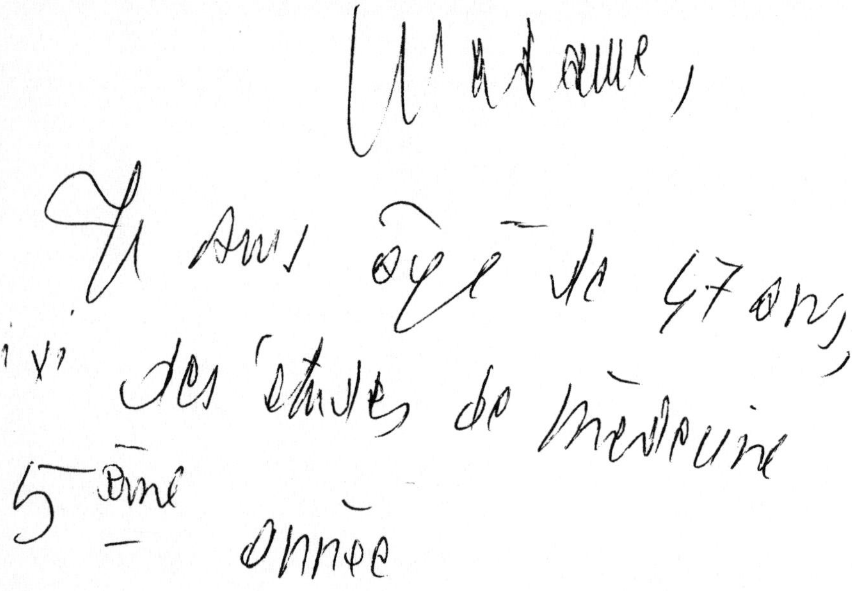

Un schizophrène en traitement depuis de longues années.

★ ★ ★

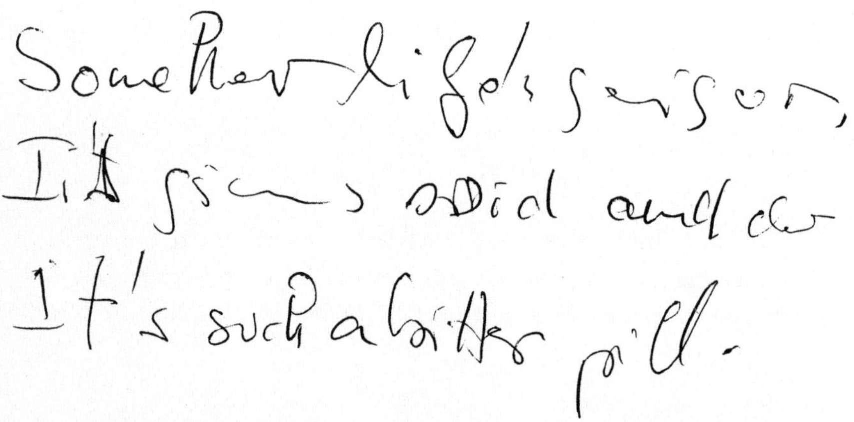

Graphisme d'un drogué de trente ans. Ancien journaliste.

★ ★ ★

MONOTONE

Nous avons déjà vu quelques exemples d'écriture monotone. Le néophyte en la matière s'imagine souvent qu'un graphisme d'aspect très régulier est synonyme de belle écriture harmonieuse. Rien n'est plus trompeur et plus faux.

Même chez le petit enfant, des irrégularités propres au caractère se manifestent très tôt dans l'écriture. Comme chez l'adulte, leur absence est plutôt négative.

Les écritures monotones peuvent revêtir nombre de formes différentes. Elles sont toujours indicatrices de graves problèmes mentaux chez le sujet. Quelques exemples vous permettent d'apprendre à identifier la monotonie.

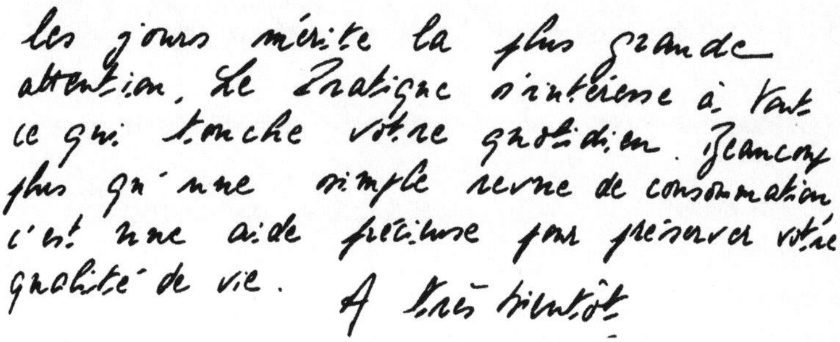
les jours mérite la plus grande attention. Le Pratique s'intéresse à tout ce qui touche votre quotidien. Beaucoup plus qu'une simple revue de consommation c'est une aide précieuse pour préserver votre qualité de vie. A très bientôt

L'écriture ci-dessus appartient à un homme d'une quarantaine d'années qui est très intelligent. Elle est petite, rapide et lisible. Elle revêt cependant un aspect assez monotone. L'homme n'est pas méchant, mais névrosé et souvent déprimé. Il est en analyse.

* * *

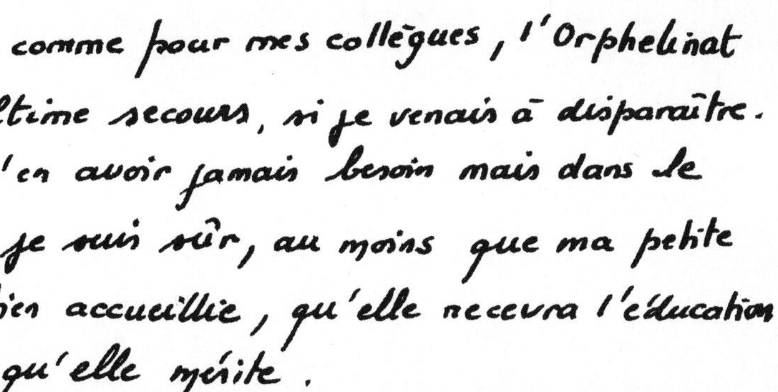
comme pour mes collègues, l'Orphelinat
·time secours, si je venais à disparaître.
'en avoir jamais besoin mais dans le
je suis sûr, au moins que ma petite
bien accueillie, qu'elle recevra l'éducation
qu'elle mérite.

Le graphisme précédent est celui d'un fonctionnaire de trente-trois ans, du ministère de l'Intérieur. Cet homme est angoissé et doute de tout son entourage.

* * *

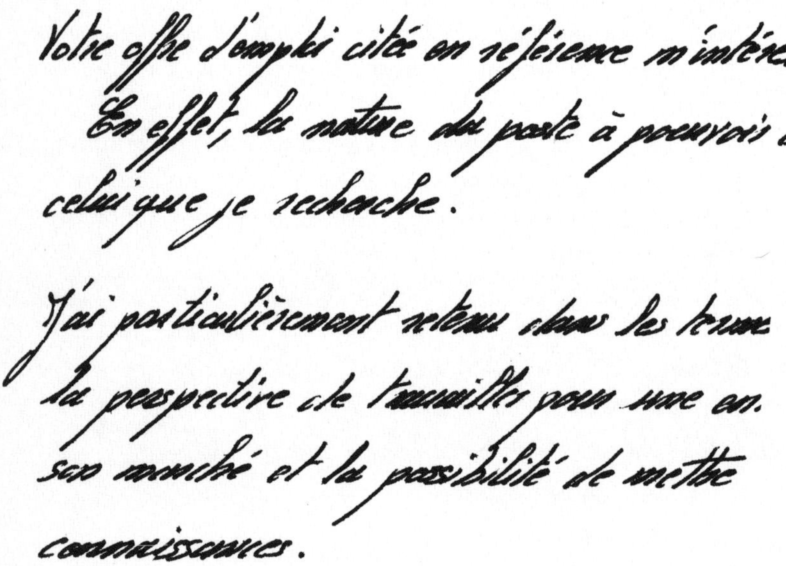

L'homme qui a écrit ces lignes a quarante-six ans. Il cherche du travail dans la publicité. Son écriture est resserrée, bâtonnée et monotone. Le sujet est très avare, inhibé et introverti. Il a des tics et souffre d'une dépression chronique. Il est suivi en psychiatrie depuis dix ans.

* * *

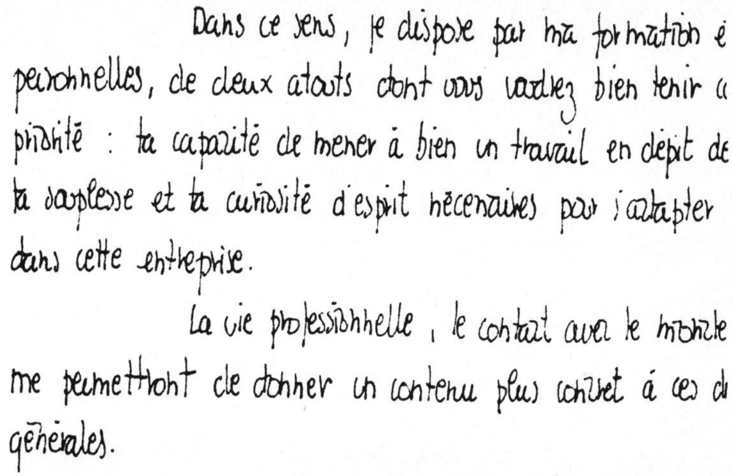
Dans ce sens, je dispose par ma formation e
personnelles, de deux atouts dont vous voudrez bien tenir c
priorité : la capacité de mener à bien un travail en dépit de
la souplesse et la curiosité d'esprit nécessaires pour s'adapter
dans cette entreprise.
La vie professionnelle, le contact avec le monde
me permettront de donner un contenu plus concret à ces d
générales.

Il s'agit de l'écriture monotone d'un écrivain de trente-sept ans qui n'est pas très heureux. Son graphisme a un aspect scolaire, voire infantile. Son affectivité et sa sexualité sont régressives. Le sujet est resté extrêmement attaché à sa mère qui est décédée lorsqu'il avait vingt ans.

* * *

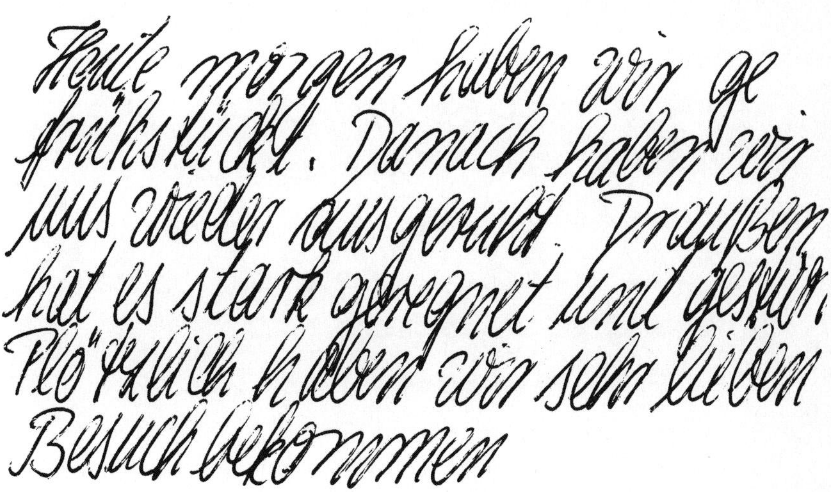
Heute morgen haben wir ge
frühstückt. Danach haben wir
uns wieder ausgeruht. Draußen
hat es stark geregnet und gestürmt.
Plötzlich haben wir sehr lieben
Besuch bekommen

Ce dernier exemple d'écriture monotone nous vient d'une femme de cinquante ans. L'aspect est monotone et enchevêtré. Le sujet est schizophrène.

* * *

Retouchée ou au tracé couvrant

Cette forme d'écriture traduit une certaine anxiété et de l'incertitude. Le sujet doute de tous et de lui-même. En témoigne le tracé sur lequel le stylo passe souvent plusieurs fois : remarquez, entre autres, le « d », le « f » ou le « t ». Il arrive aussi au sujet, à tort ou à raison, de corriger la lettre écrite.

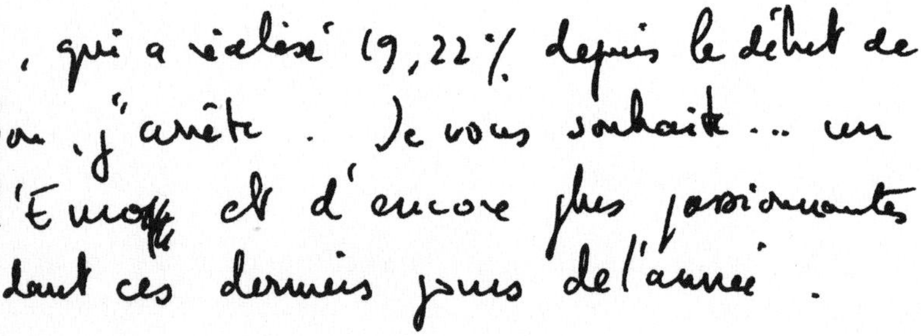

Voici l'écriture d'un avocat de cinquante ans qui vient d'hériter une grosse fortune. Bien qu'il soit matérialiste et avare de nature, cette manne soudaine le perturbe.

* * *

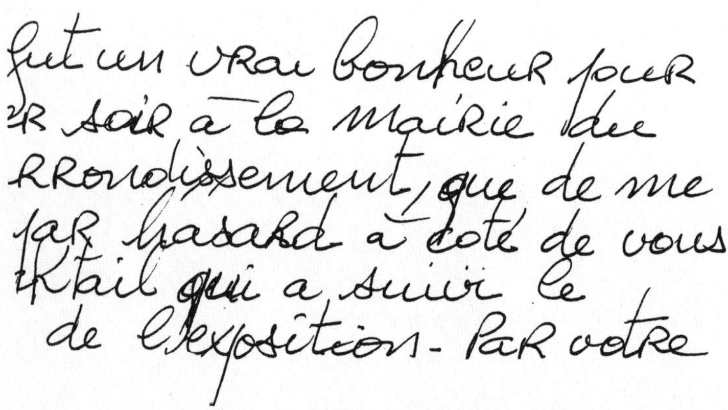

Ce dernier exemple illustre la forme retouchée et couvrante. Il provient d'un homme très âgé, atteint d'anxiété et de graves problèmes affectifs anciens et mal surmontés. L'écriture est très ronde. Il existe des « r » majuscules au milieu des mots. Le sujet est névrosé et souffre par moments de crises d'angoisse.

* * *

Troisième leçon

L'inclinaison

Comme vous l'avez déjà remarqué au cours des leçons précédentes, certains exemples et significations se recoupent. Vous pouvez ainsi les retrouver, soit dans le glossaire, soit dans les parties consacrées à la dimension et à la forme.

Les spécimens d'écriture ne sont jamais les mêmes et l'ensemble augmente votre expérience en la matière. Continuez à noter sur une feuille toutes les découvertes relatives au graphisme de la lettre ou des cartes postales que vos amis vous envoient et que vous gardez à côté du manuel pendant votre étude !

La direction des lettres

Lettres droites

Le sujet est pragmatique. Il est dominé par la raison et la réflexion. On peut assumer que c'est une personne réaliste (à condition, bien entendu, que son graphisme ne présente pas de signes infirmant ce point).

Le graphisme qui suit est celui d'une femme de quarante ans. Il est rond et anguleux, de dimension moyenne, et aux lettres droites.

Le sujet est très intelligent, voire surdoué.

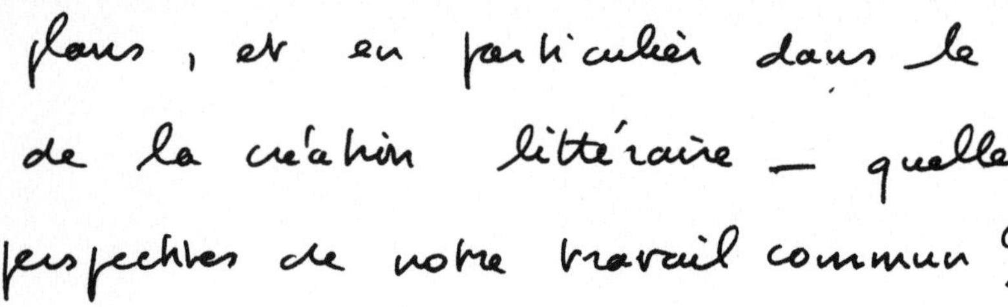
plans, et en particulier dans le
de la création littéraire — quelles
perspectives de notre travail commun ?

* * *

Voici un autre exemple dans lequel la majorité des lettres sont droites. L'ensemble est plutôt de forme ronde et de dimension moyenne. Cette écriture est un peu moins vive que la précédente. Elle provient d'une femme de soixante ans, raisonnable et très dynamique.

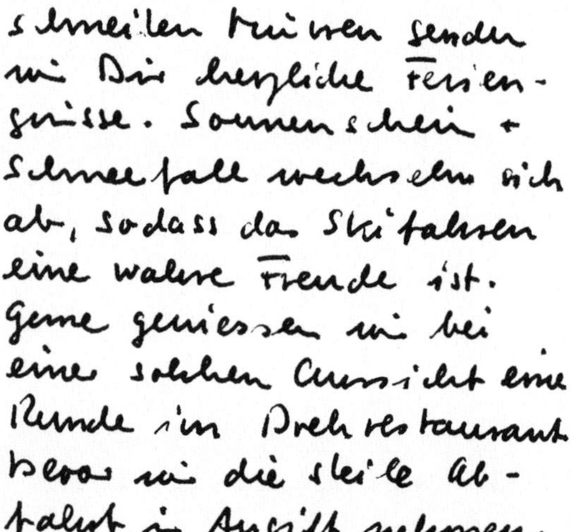
schneien trüben senden
wir Dir herzliche Ferien-
grüsse. Sonnenschein +
Schneefall wechseln sich
ab, sodass das Skifahren
eine wahre Freude ist.
Gerne geniessen wir bei
einer solchen Aussicht eine
Runde im Drehrestaurant
bevor wir die steile Ab-
fahrt in Angriff nehmen.

* * *

Ce dernier exemple appartient à un homme de trente-huit ans qui est très timide et inhibé. Les lettres sont droites, mais souvent suspendues. Elles ne touchent pas toujours la ligne de base. Le « h » du mot thé et le « i » de petit, entre autres, le montrent bien. Mettez votre règle sous la ligne de base ; cela vous aidera.

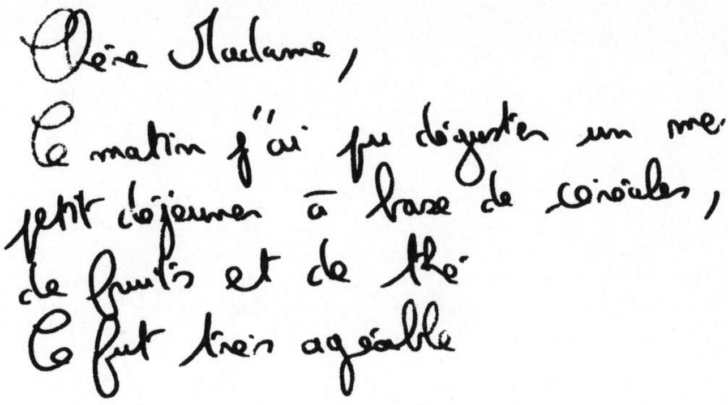

★ ★ ★

Lettres penchées vers la droite

Une telle écriture s'appelle « progressive ».

Elle est l'écriture des personnes optimistes, enthousiastes, motivées par leur travail, ambitieuses et dynamiques.

Le premier exemple provient de la main d'un jeune médecin de vingt-sept ans, exubérant et positif.

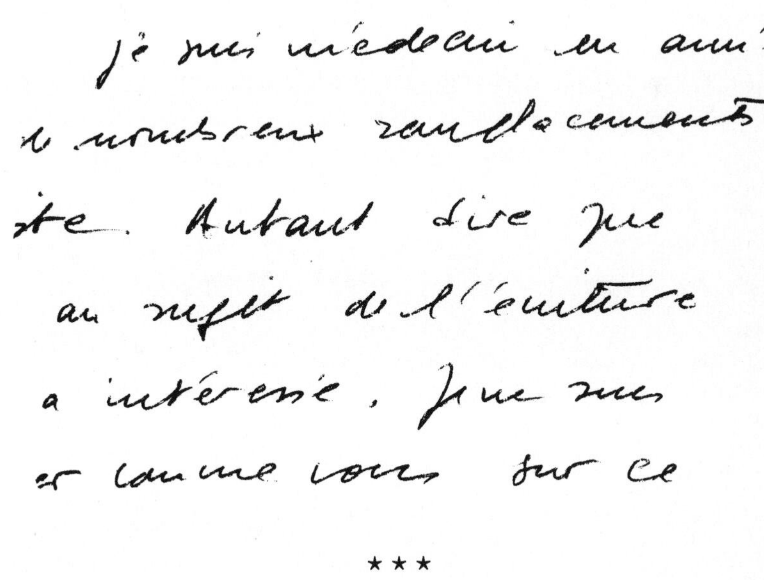

★ ★ ★

L'écriture ci-dessous est celle d'un haut fonctionnaire de soixante-neuf ans. Il est dynamique, ambitieux et en bonne santé, comme l'illustre la pression forte et régulière de sa plume.

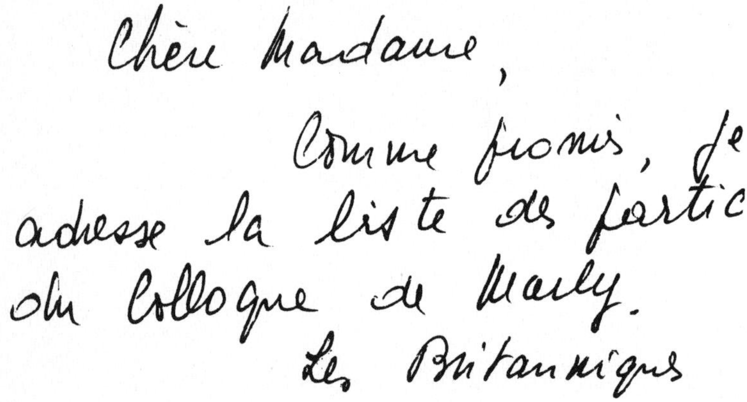

⋆ ⋆ ⋆

Lettres penchées vers la gauche

Ce genre d'écriture est qualifiée de « régressive ».

Elle est moins positive. Les sujets qui écrivent ainsi sont souvent dépressifs, hésitants, inhibés, et manquent de confiance en eux. Ils dissimulent leurs problèmes et peuvent mentir. Ils manquent d'ambition et de courage.

Ce graphisme est celui d'un homme de quarante ans. Il a choisi le feutre pour mieux dissimuler le tracé.

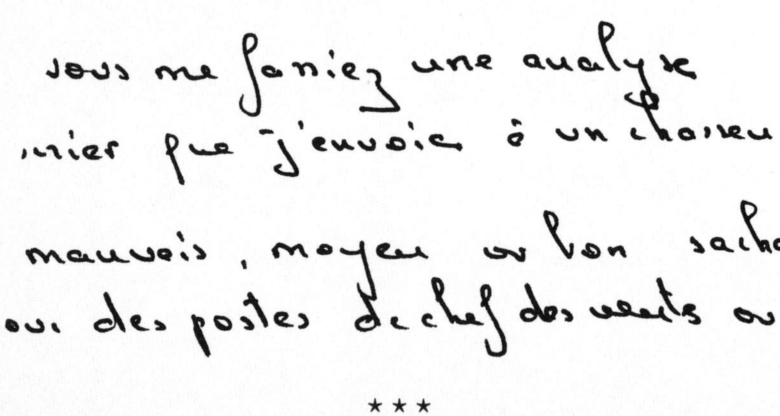

⋆ ⋆ ⋆

L'écriture suivante est celle d'une femme de cinquante ans. Elle est en psychanalyse.

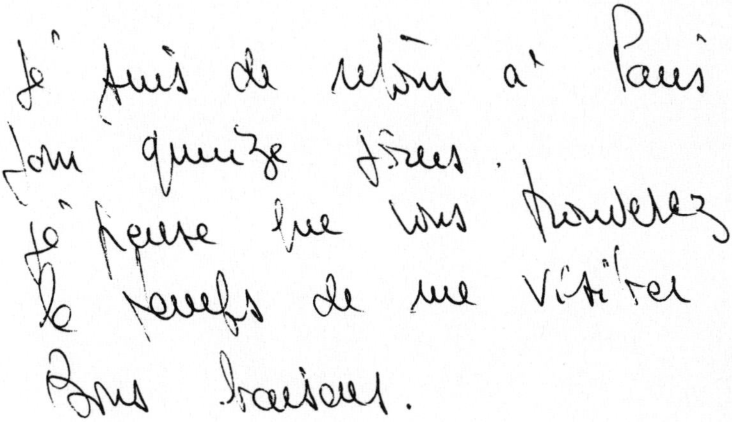
Je suis de retour à Paris
pour quinze jours.
Je pense que vous trouverez
le temps de me visiter
Bons baisers.

★ ★ ★

Direction des lettres variable

Les lettres penchent tantôt à gauche, tantôt à droite, ou sont verticales. Cela peut se produire dans le même texte ou dans des missives rédigées à intervalles de quelques jours.

Les personnes dont l'écriture obéit à cette tendance souffrent d'une certaine instabilité d'humeur et de caractère.

L'écriture suivante appartient à une femme de cinquante ans sans profession.

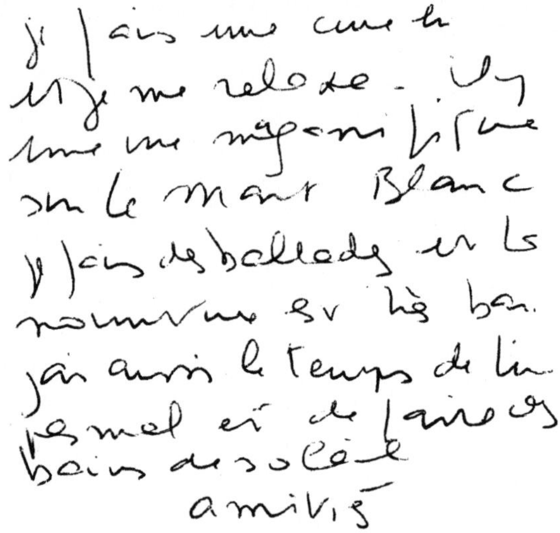

* * *

Voici le graphisme d'une femme de trente ans. Les lettres sont droites et, par moments, progressives.

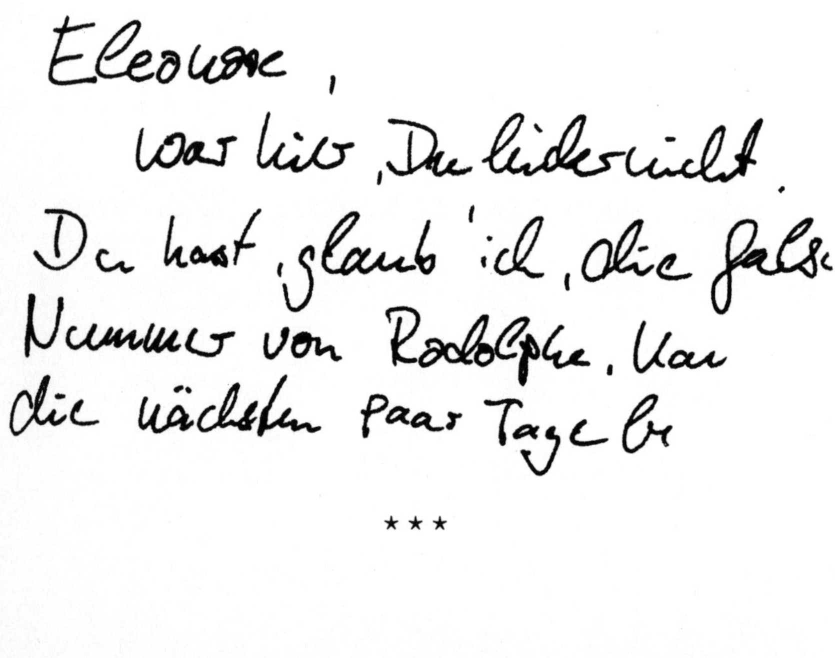

* * *

La direction des lignes

Comme l'inclinaison des lettres, la direction de la ligne de base peut varier. Utilisez votre règle pour évaluer les lignes du graphisme !

La personne peut, par exemple, écrire naturellement rigoureusement droit sur une feuille blanche sans lignes ni carreaux.

Lignes très droites

Le sujet a des principes. Il sait se concentrer et s'appliquer à une tâche qu'il a choisie sans se laisser influencer ni se distraire. Sa rigueur peut aller jusqu'à l'opiniâtreté.

Voici l'écriture d'un homme qui travaille dans le domaine médical. Il a cinquante ans et cherche toujours la femme de sa vie.

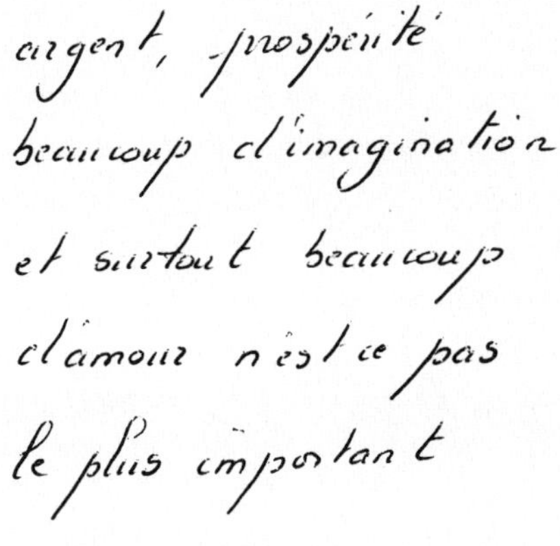

* * *

L'exemple suivant est celui d'une jeune étudiante.

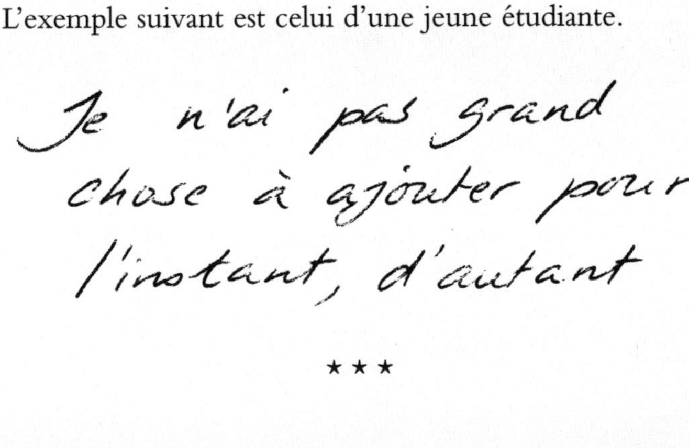

* * *

Lignes de base légèrement ondulées

Vous trouverez de telles lignes chez les surdoués qui ont un esprit très vif et éveillé. Ils savent s'adapter aux circonstances qui se présentent. Dans la mesure où les autres signes le confirment, on peut considérer que leur caractère est généralement souple et agréable.

Graphisme d'un jeune professeur de lettres.

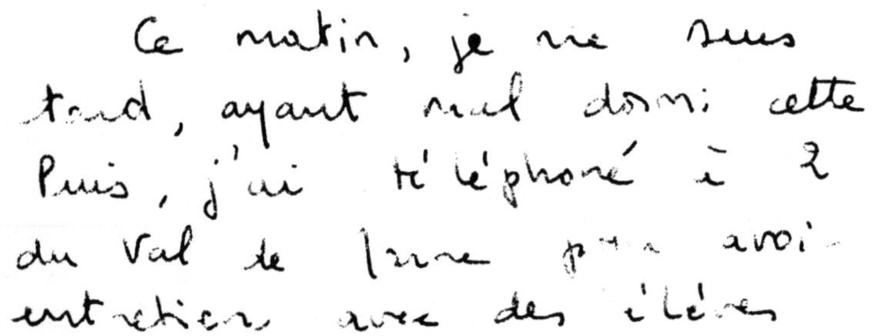

* * *

Homme de quarante ans, banquier.

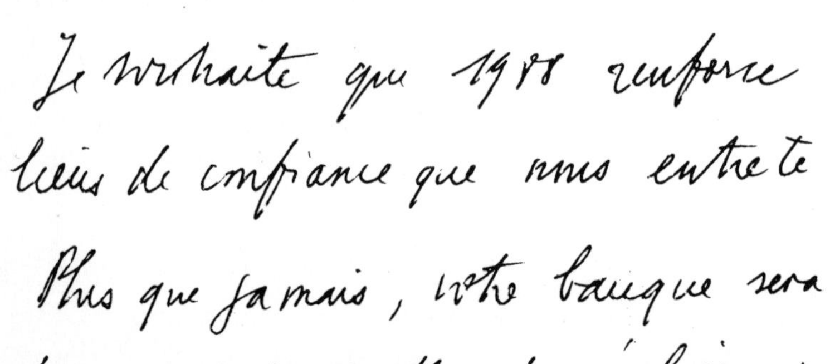

* * *

La journaliste ci-dessous a cinquante ans.

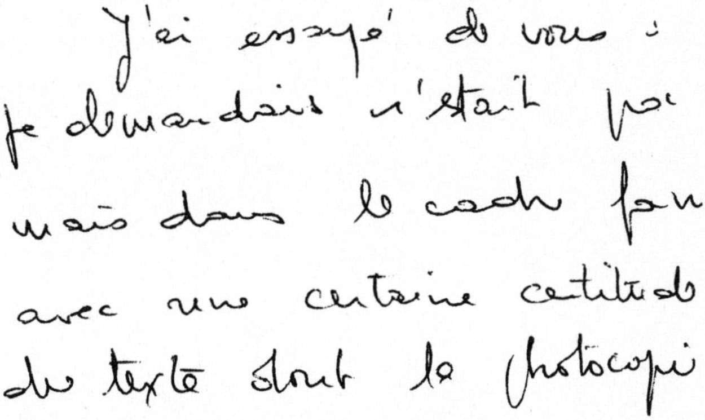

* * *

Ligne de base montante

Le sujet est joyeux et optimiste. Une ligne qui monte de manière excessive indique que la personne est psychiquement perturbée, voire schizophrène.

Voici le graphisme d'une femme de trente-huit ans, intelligente, équilibrée et joyeuse. Les lignes de son écriture montent légèrement.

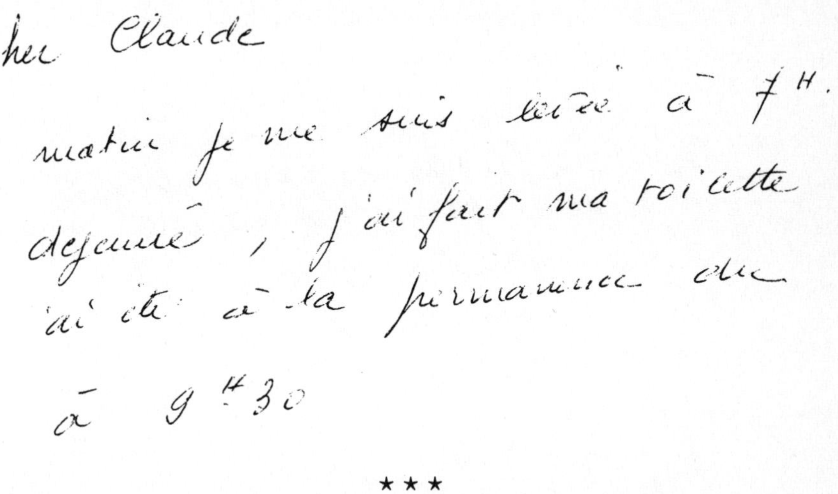

* * *

Les quelques lignes suivantes montent également ; elles sont le fait d'un homme de cinquante-cinq ans, très optimiste.

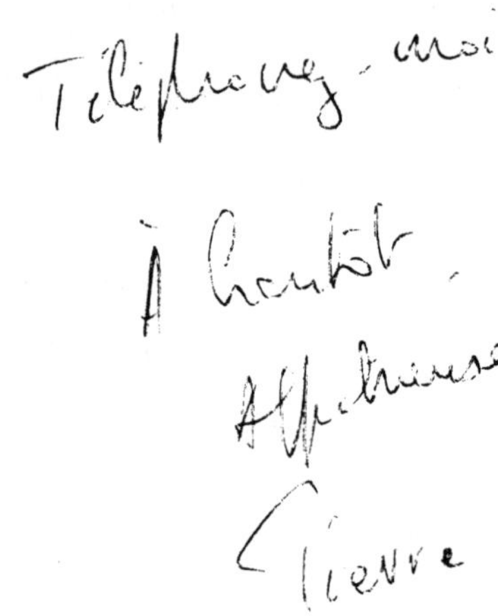

★ ★ ★

Ligne de base descendante

Elle signifie des tendances dépressives et l'humeur cyclothymique du sujet. La maladie et les souffrances qu'elle engendre peuvent également produire de telles lignes.

Les exemples suivants proviennent tous d'hommes de quarante à cinquante ans, légèrement angoissés et dépressifs.

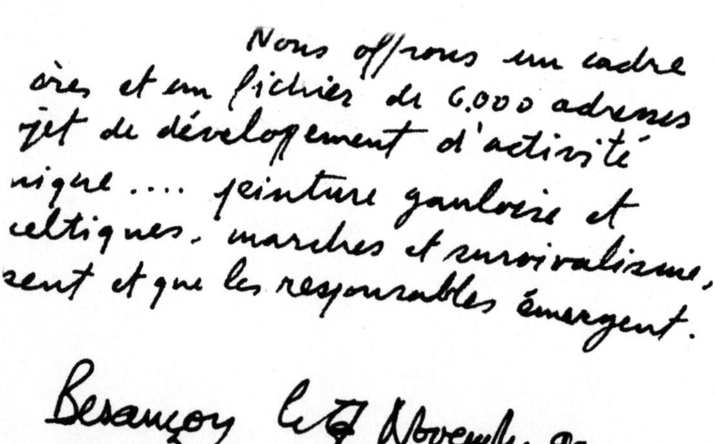

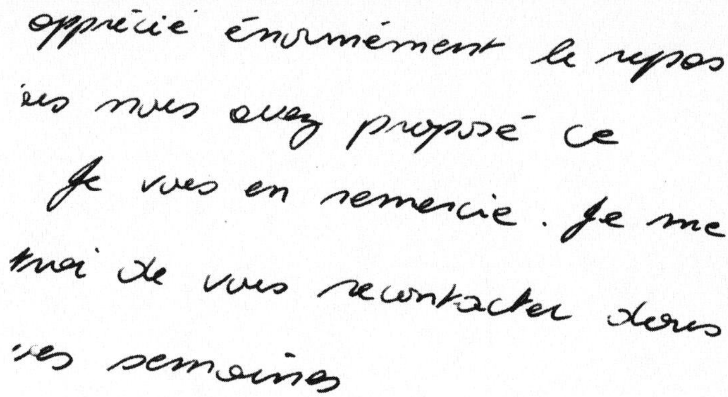

★★★

Lignes de base extrêmement ondulées et d'inclinaison variable

Elles indiquent l'instabilité psychique, la mythomanie, l'humeur cyclothymique, la névrose. Les sujets qui présentent de tels traits sont peu fiables. Ils changent d'avis et de sentiment d'un instant à l'autre, sans aucune raison extérieure.

Mettez votre règle sous les exemples cités ; vous verrez que les lignes et les mots montent et descendent assez fortement. Comme vous le savez déjà, si une légère ondulation est un très bon signe en ce qui concerne le caractère du sujet, une ondulation excessive est plutôt négative.

Les spécimens suivants illustrent la personnalité peu fiable des personnes en question.

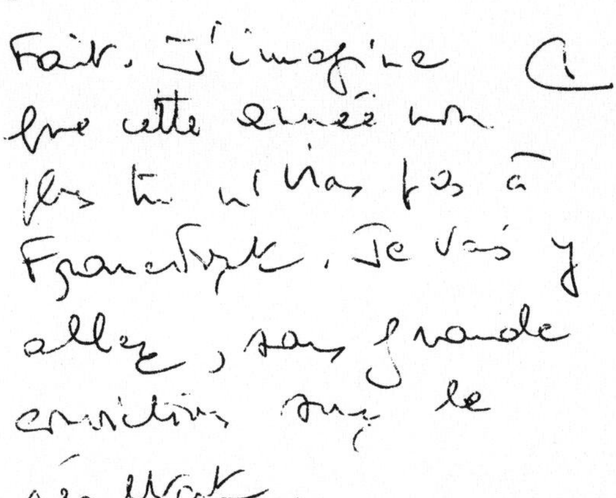

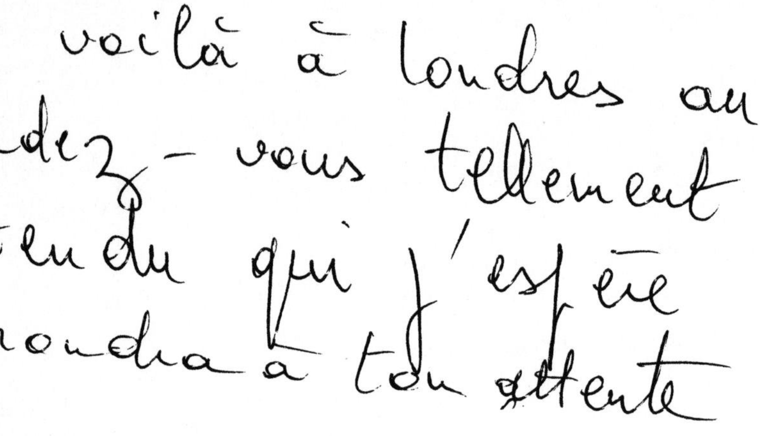
voilà à londres au
-dez-vous tellement
tendu qui j'espère
rondra à ton attente

Quatrième leçon

Les espaces

Espaces entre les mots

Intervalle régulier

Le sujet a le sens de l'ordre. Il est équilibré (dans la mesure où les autres signes le confirment).

Voici quelques exemples :

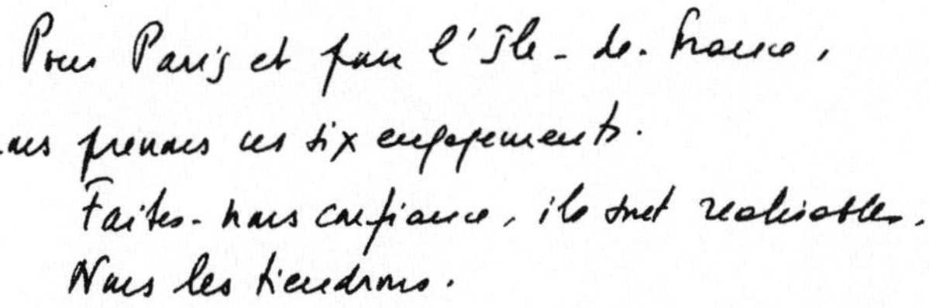

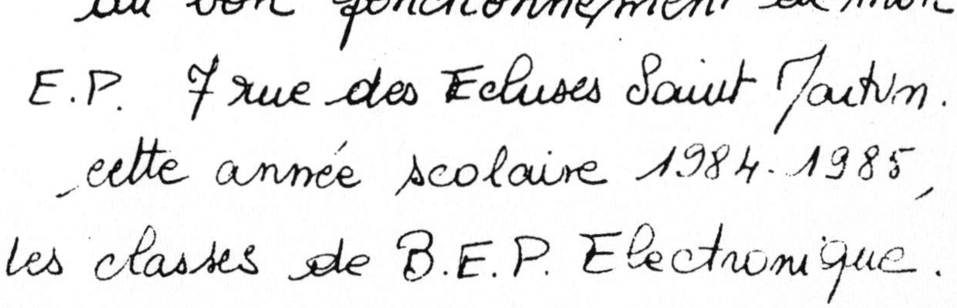

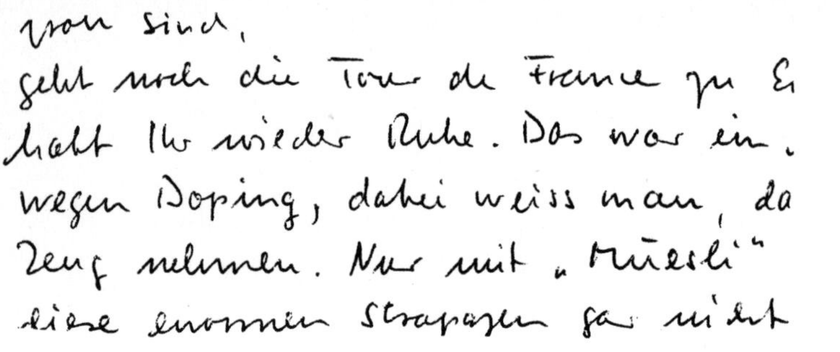

* * *

Intervalle très large

Le sujet est très indépendant. Il a besoin de beaucoup de liberté, dans sa vie professionnelle comme dans sa vie privée. Il lui arrive en revanche de souffrir de solitude intellectuelle.

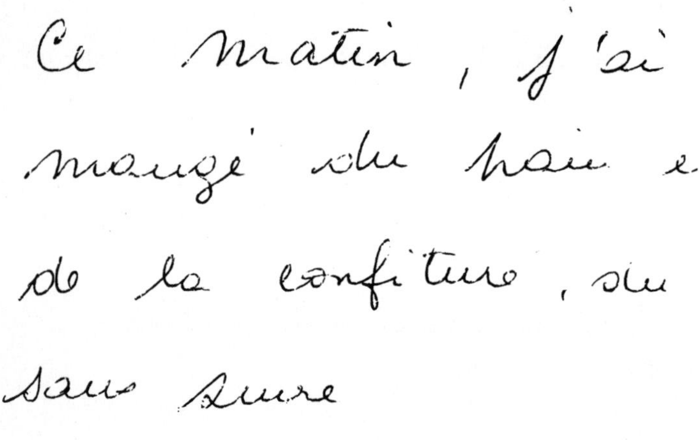

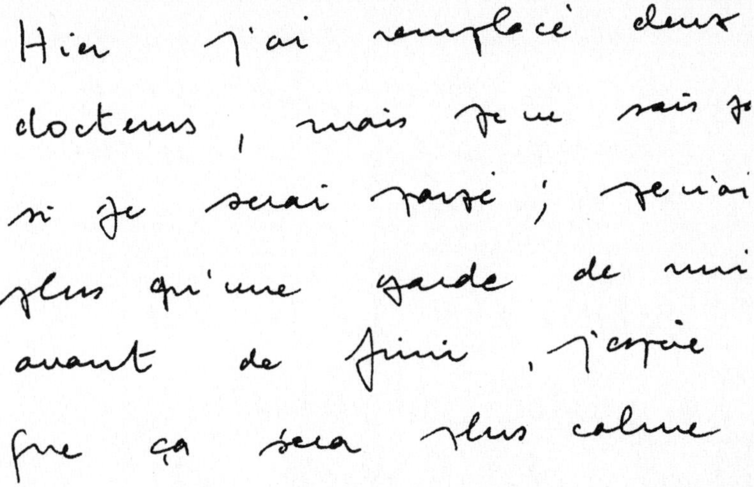
Hier j'ai remplacé deux docteurs, mais je ne sais je si je serai payé ; je n'ai plus qu'une garde de nuit avant de finir, j'espère que ça sera plus calme

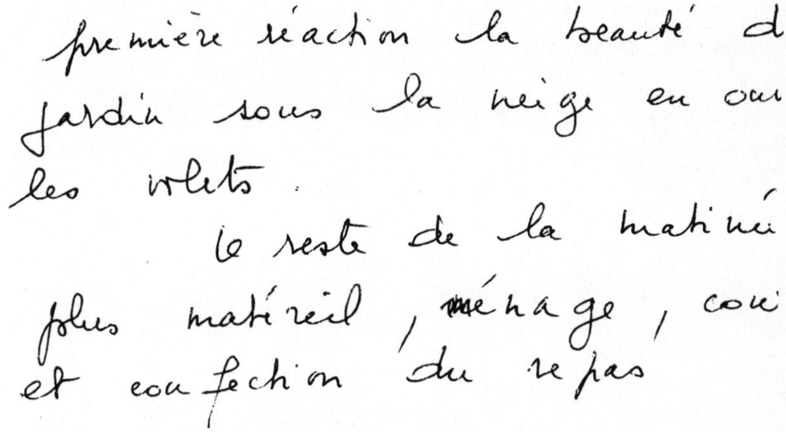
première réaction la beauté d jardin sous la neige en ouv les volets.
le reste de la matinée plus matériel, ménage, cou et confection du repas

* * *

Intervalle réduit ou absent

La personne a besoin d'être entourée et soutenue dans ses décisions et dans ses entreprises. Elle doute d'elle-même. Il existe des cas graves, de sujets psychiquement atteints, comme notre troisième exemple. Ici, il s'agit d'un schizophrène enfermé depuis de longues années.

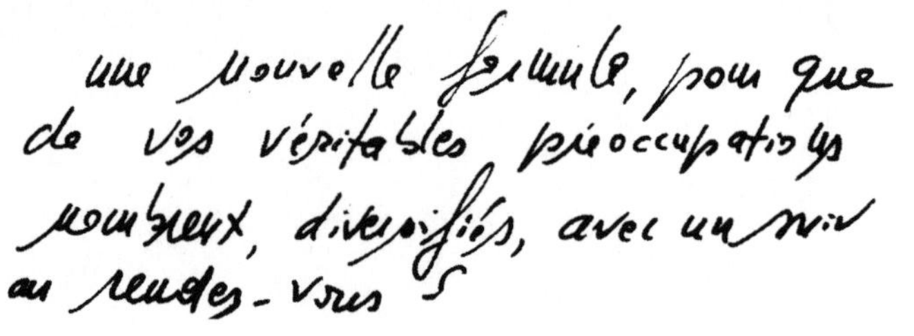

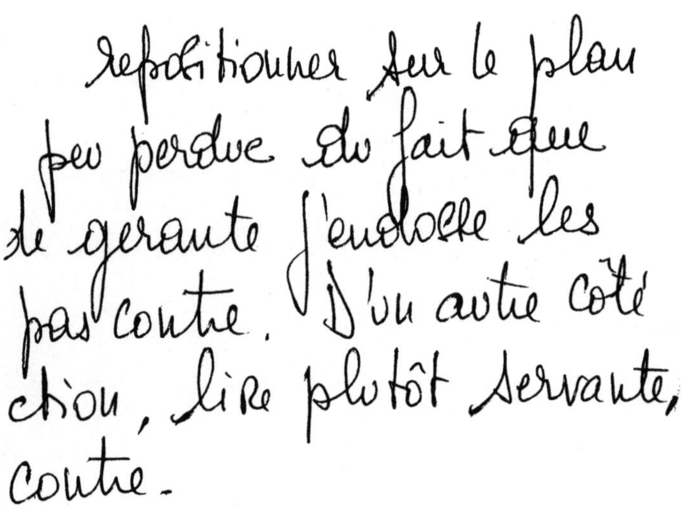

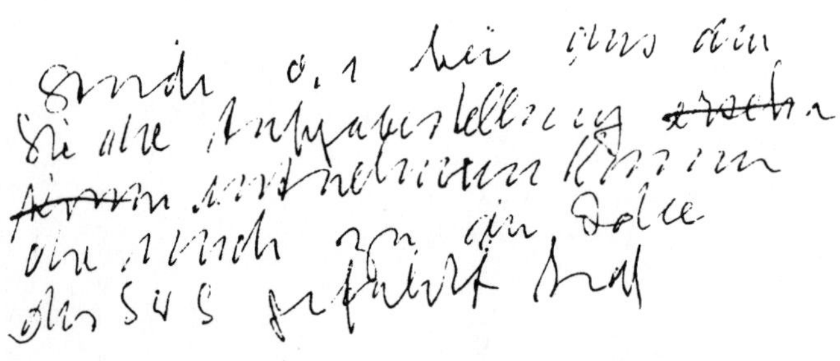

Il convient, bien entendu, de tenir compte de la dimension de l'écriture pour évaluer correctement l'intervalle entre les mots.

★ ★ ★

Espaces entre les lettres

Intervalle régulier

Le sujet possède une certaine logique. Il est raisonnable et responsable de ses actes. Il est en général équilibré et sociable (si les autres signes le confirment).

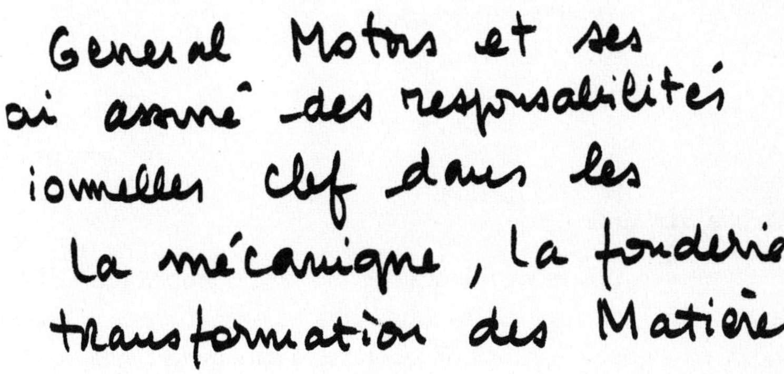

* * *

Intervalle irrégulier

(Utilisez votre loupe pour l'apprécier).

Ces sujets souffrent de sautes d'humeur. Ils manquent souvent de fiabilité.

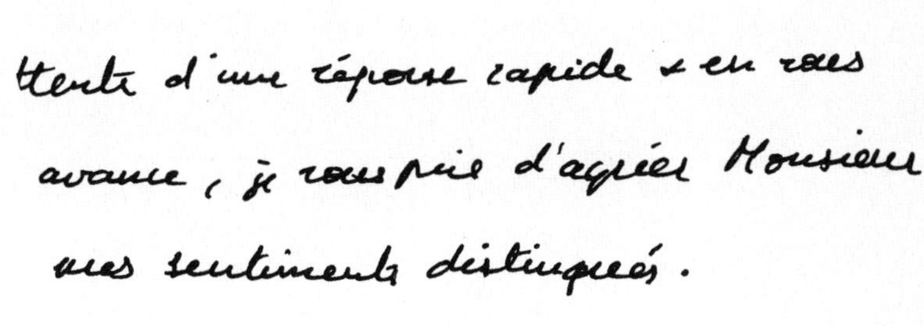

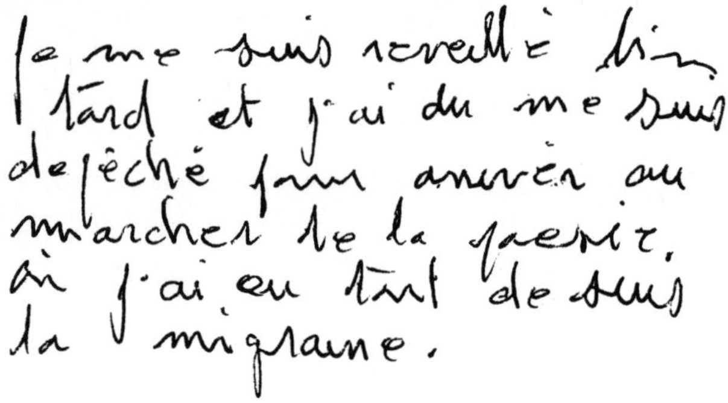

* * *

Intervalle très large

Cette écriture ressemble à celle des lettres imprimées. Elle est courante chez les Américains d'un certain âge, car elle a été à la mode et enseignée pendant une trentaine d'années au cours du siècle dernier.

Le graphisme est lent, précis et lisible. Les sujets qui écrivent ainsi aiment la précision et sont généralement ponctuels. Ils ont une certaine intuition, mais manquent quelque peu de maturité. Ils se montrent souvent matérialistes et égoïstes.

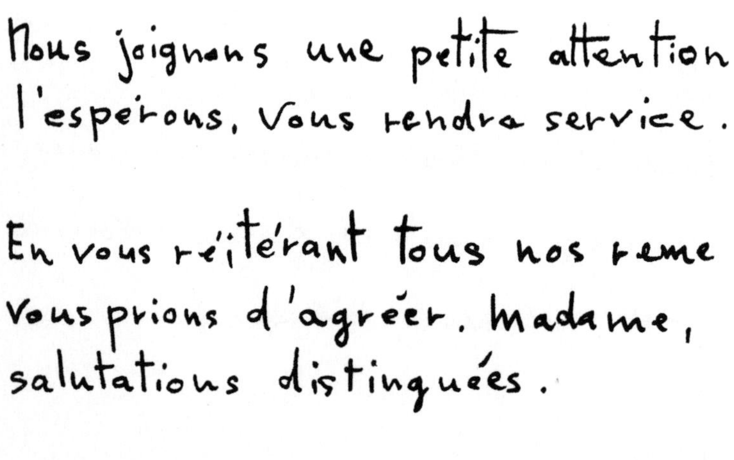

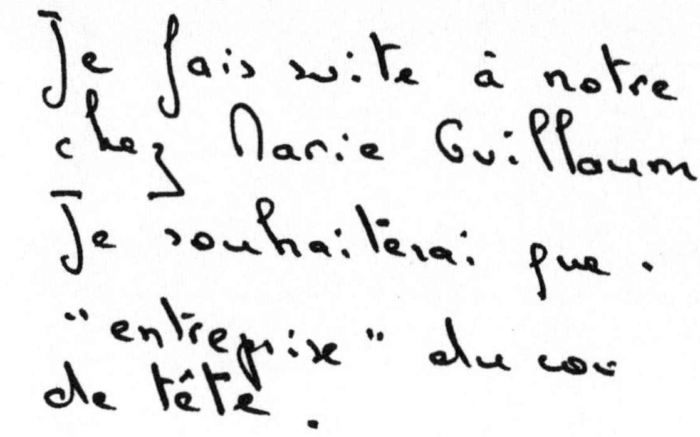

★ ★ ★

Espaces entre les lignes

Intervalle normal

Comme tous les intervalles mentionnés précédemment dans les paragraphes concernant les espaces, cet intervalle est à considérer au regard de la dimension des lettres.

Voici une écriture légèrement progressive et normalement espacée. Le sujet est organisé, équilibré et motivé dans son travail.

Le deuxième exemple illustre un graphisme assez vertical, rond et rapide, bien espacé. La personne possède les mêmes qualités que l'auteur du premier exemple. La rapidité de son écriture liée, indique, de surcroît, que son esprit est très vif.

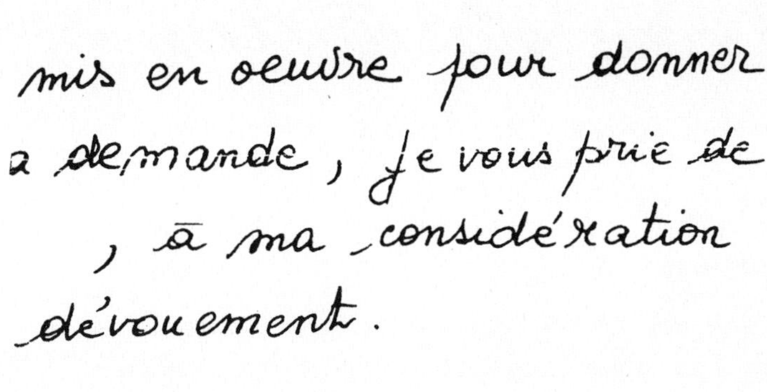

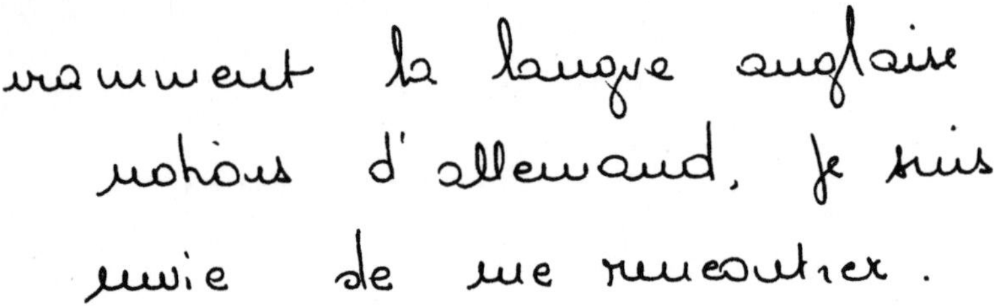

* * *

Intervalle limite ou presque absent

Les personnes qui écrivent ainsi manquent quelque peu de maturité. Elles s'accrochent à leur entourage de manière souvent excessive. Leur personnalité est parfois envahissante.

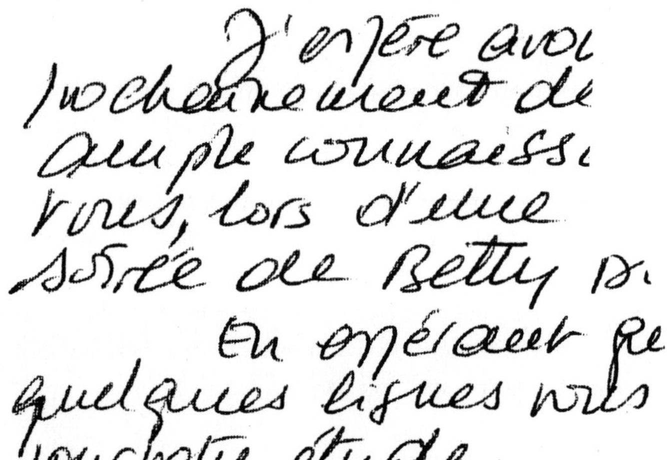

* * *

Intervalle large

Cette largeur d'espace entre les lignes indique un besoin de liberté et d'autonomie. Les sujets ont du mal à se soumettre aux directives d'autrui. Dans les cas extrêmes, si l'ensemble le confirme, comme dans l'exemple qui suit, c'est que le sujet est névrosé.

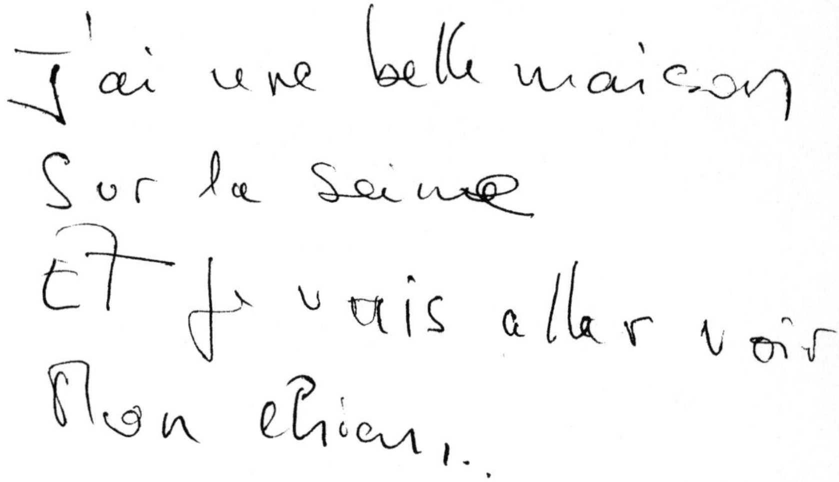

* * *

Intervalle irrégulier

Le sujet change souvent d'humeur et de but. Il n'est pas facile de travailler ou de vivre avec lui. Le premier spécimen provient d'une femme qui n'a que de petites sautes d'humeur. Ce n'est pas grave. En revanche, dans notre deuxième exemple, tout est fluctuant : la dimension, les espaces, l'inclinaison et la forme de l'écriture. Le sujet est gravement perturbé.

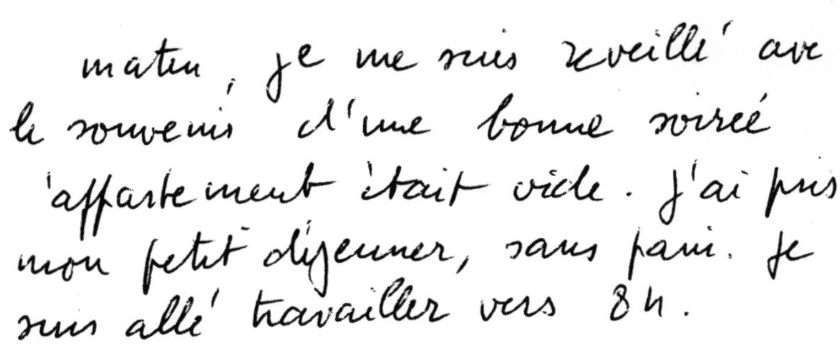

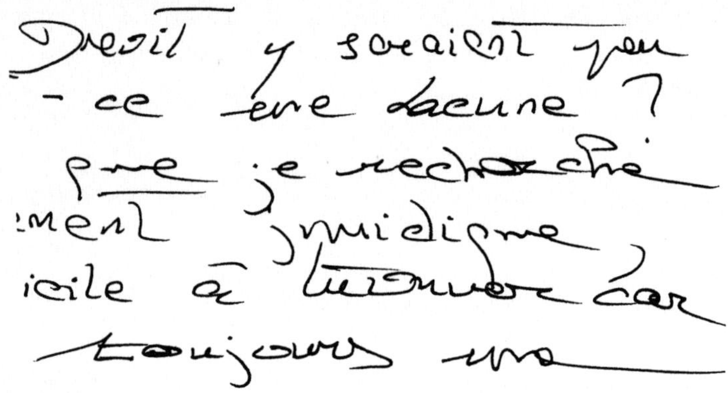

* * *

Les marges autour de la missive

Marge de droite

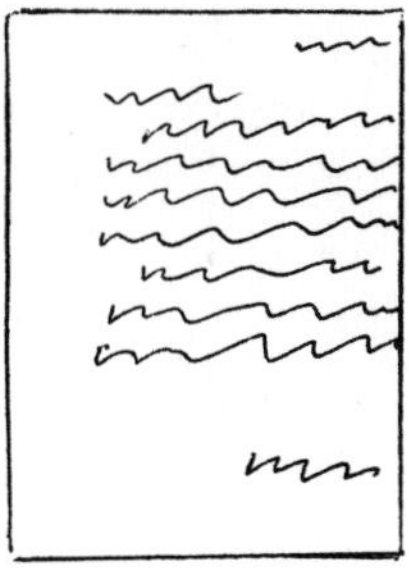

Étroite ou absente

Signification : le sujet est équilibré, son jugement est logique.

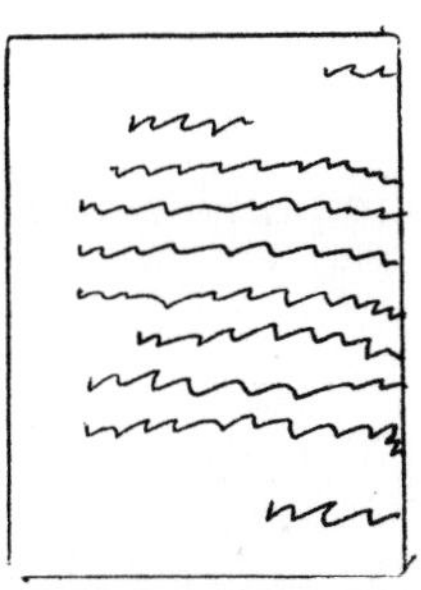

Absente avec le dernier mot descendant

Signification : la personne peut se montrer impatiente et égoïste. Elle manque souvent de prévoyance.

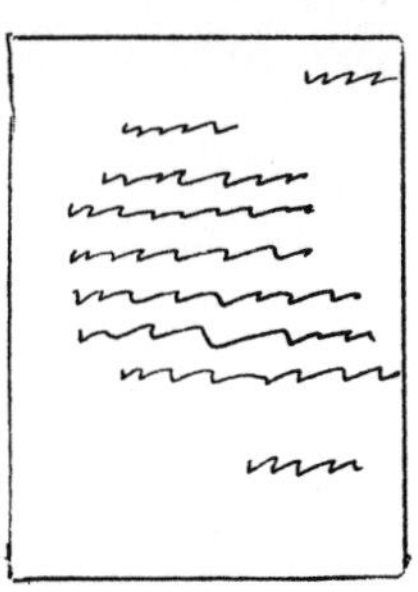

Large, qui diminue en descendant

Signification : le sujet cherche à vaincre ses appréhensions et sa méfiance pour pouvoir s'adapter aux circonstances et aux innovations.

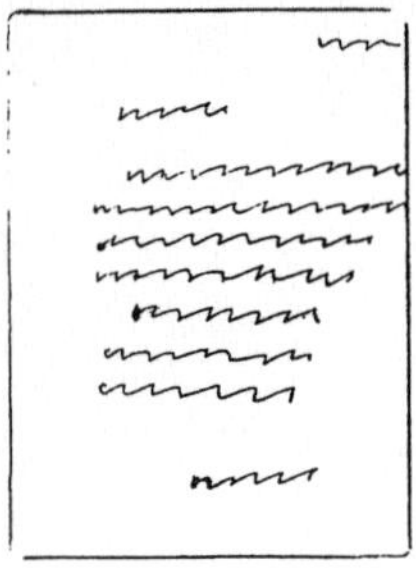

Absente, qui s'élargit en descendant

Signification : le sujet est souvent envahi par l'angoisse.

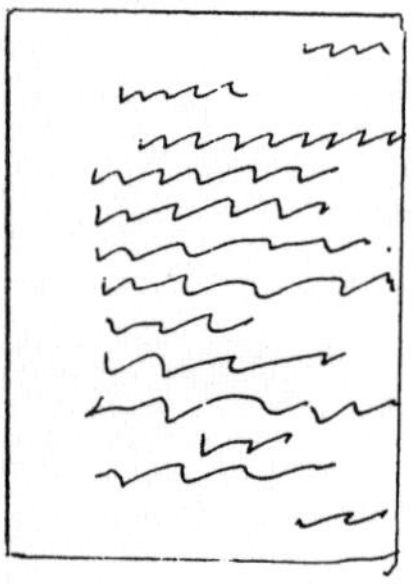

Très irrégulière

Signification : la personne est assez instable ; son humeur est cyclothymique.

Marge de gauche

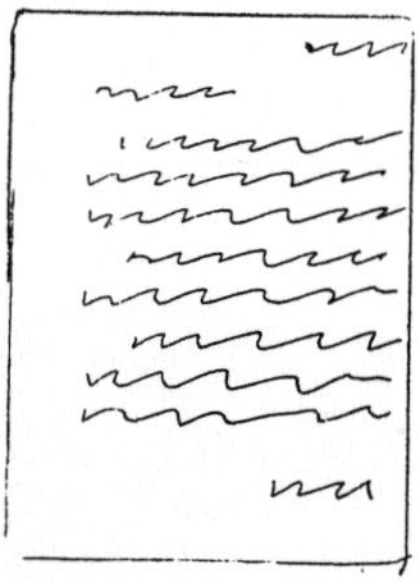

Assez large et régulière avec des alinéas

Signification : le sujet a le respect d'autrui. Il est ordonné.

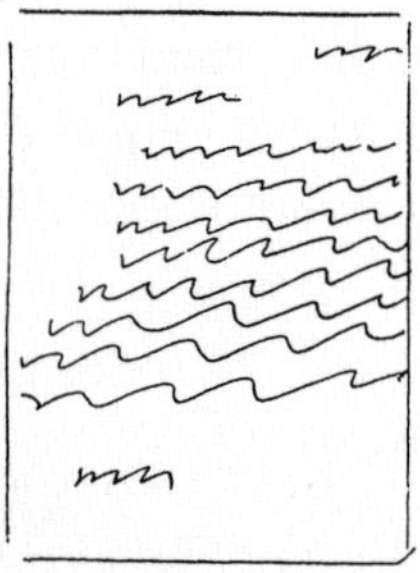

Qui diminue en descendant

Signification : la personne est craintive, peureuse et pessimiste.

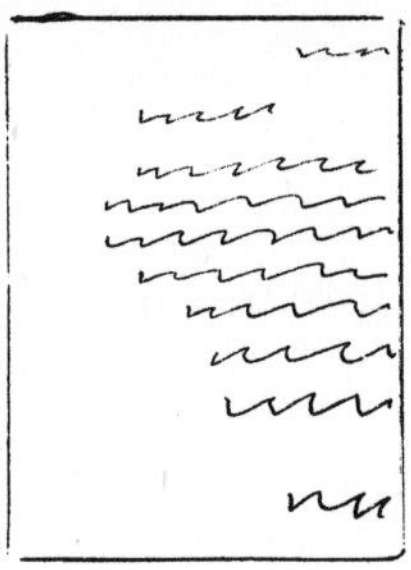

Qui s'élargit en descendant

Signification : le sujet est très indépendant ; c'est la fuite dans le futur.

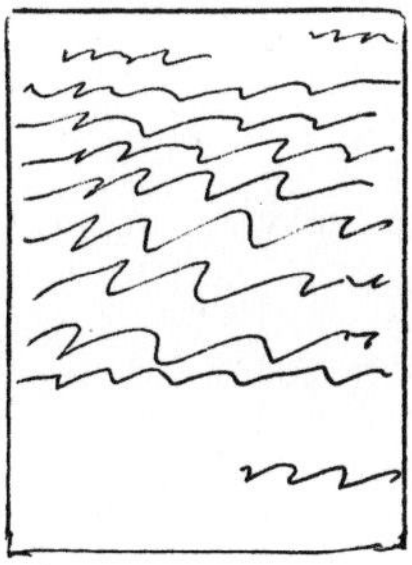

Absente

Signification : manque de maturité et d'éducation, égocentrisme, avarice.

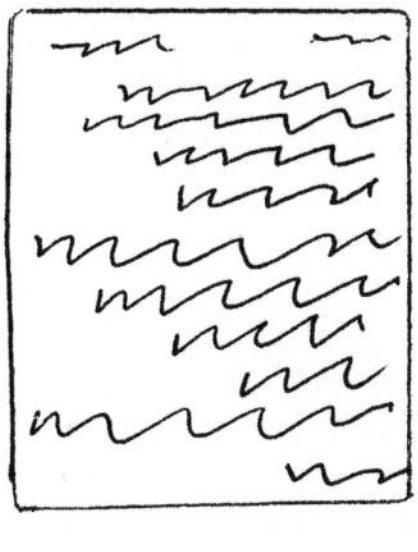

Irrégulière

Signification : instabilité, fiabilité réduite.

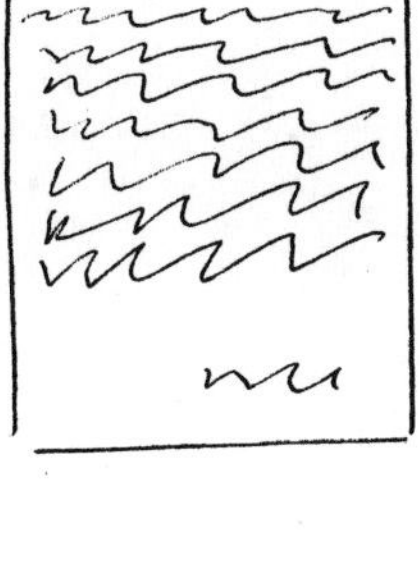

Sans alinéas

Signification : maturité réduite. Le sujet est inhibé, son éducation est réduite.

MARGE DU HAUT DE LA PAGE

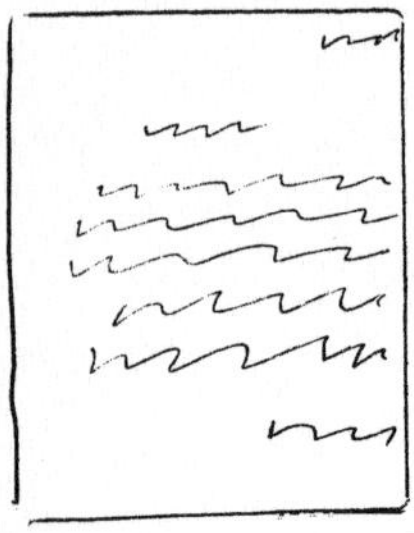

Large

Signification : bonne éducation, respect d'autrui.

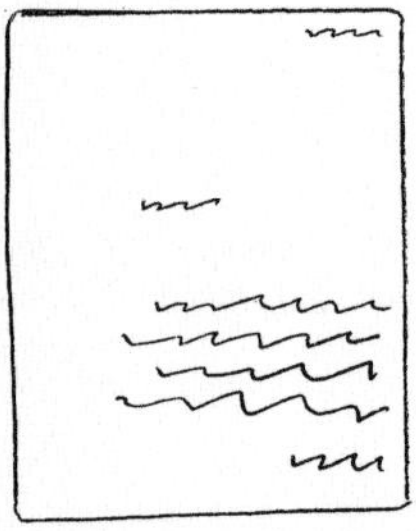

Trop large

Signification : humilité excessive, complexes d'infériorité.

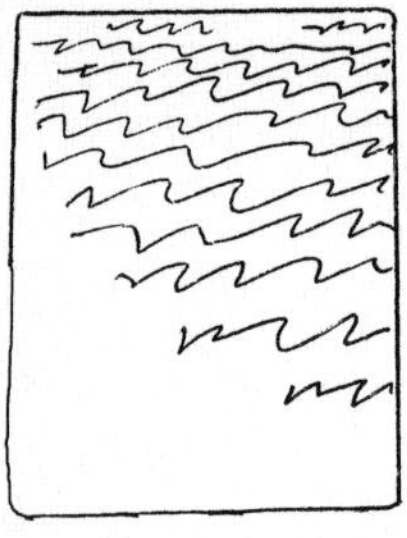

Absente

Signification : mépris d'autrui, égoïsme, vanité, orgueil, avarice.

MARGE DU BAS DE LA PAGE

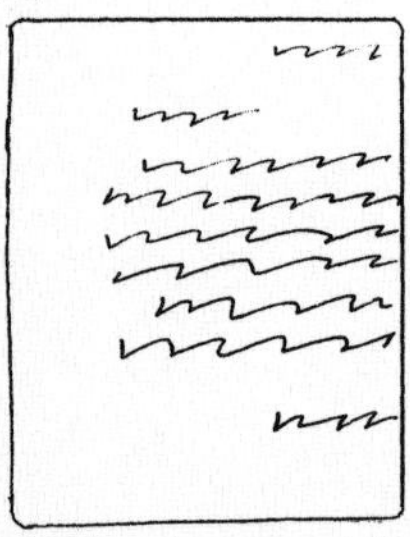

Large

Signification : bon équilibre, respect des convenances.

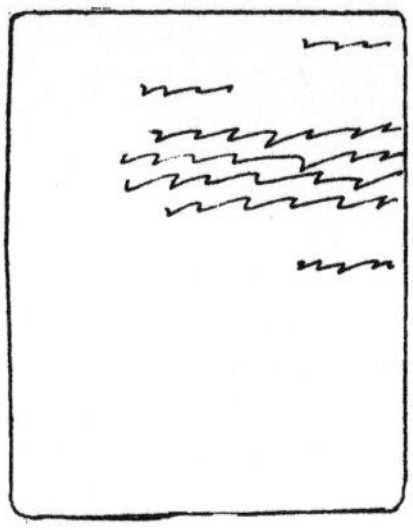

Trop large

Signification : inhibitions, isolement.

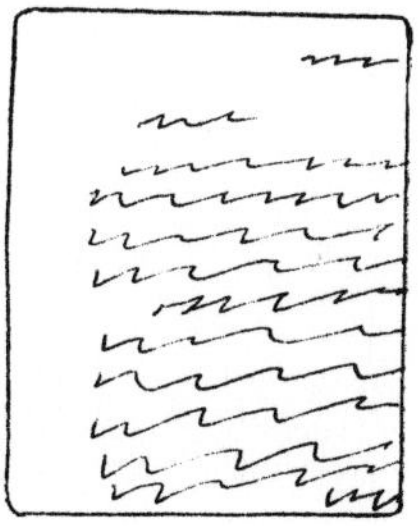

Absente

Signification : spontanéité, ambition, traces d'égoïsme.

ABSENCE DE MARGES

Signification : égocentrisme infantile, manque de maturité.

MARGES EXCESSIVEMENT LARGES TOUT AUTOUR DE LA MISSIVE

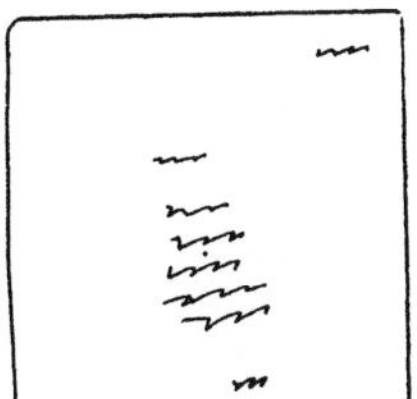

Signification : névrose, psychose, schizophrénie.

Cinquième leçon

L'enveloppe et son adresse

La position de l'adresse sur l'enveloppe donne les premières indications sur la personnalité du sujet. Il est souhaitable que l'écriture de l'adresse soit semblable à celle de la missive. En effet, la ressemblance entre l'écriture de l'adresse, l'écriture de la lettre dans son ensemble, et la signature, témoigne, dans une certaine mesure, de l'honnêteté de la personne.

Signification globale de l'emplacement de l'adresse

Il convient, bien entendu, de connaître les us et coutumes du pays d'origine de l'auteur. Dans les pays de l'Est, par exemple, l'adresse se met en haut, à gauche.

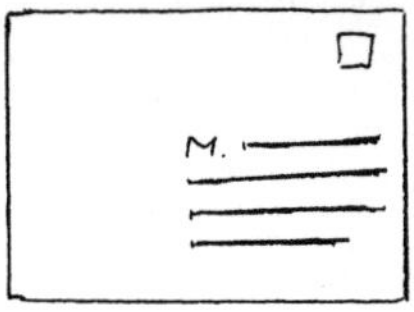

Sujet bien éduqué, travailleur et dynamique, qui respecte autrui.

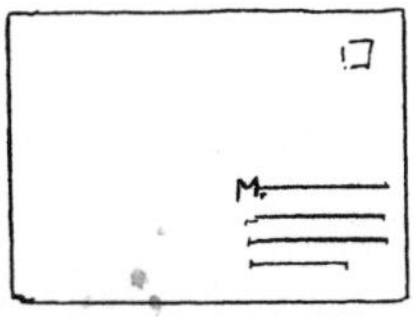

Le sujet est ambitieux, pragmatique et très égoïste. Il est diplomate.

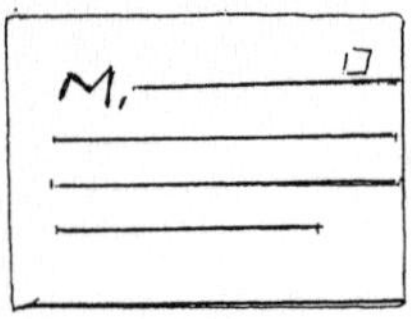

La personne est sociable, son caractère est grégaire et envahissant. Elle possède une grande spontanéité juvénile, voire enfantine, et manque de maturité. Assez égoïste, elle est sans égards pour autrui et fait preuve d'un hédonisme prononcé.

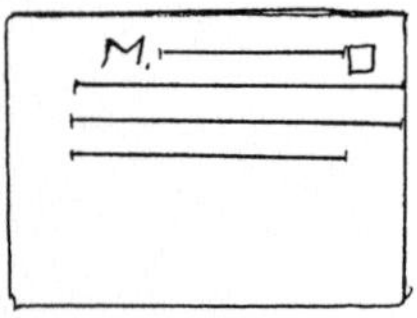

Manque d'éducation et de respect pour autrui. Le sujet est impulsif et irréfléchi.

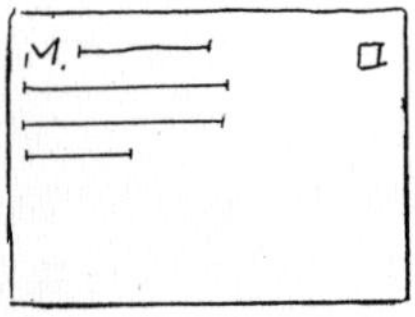

L'auteur est inhibé, frustré et pessimiste. Il fait souvent deux pas en avant puis trois en arrière.

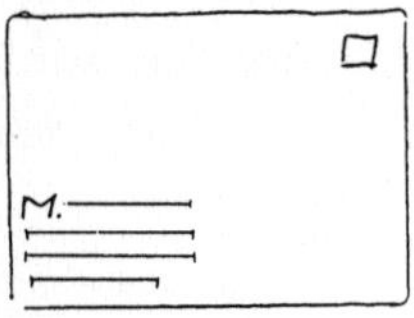

Le sujet souffre d'inhibitions sexuelles et de complexes. Il est timide et soumis. Il peut se montrer rancunier et envieux.

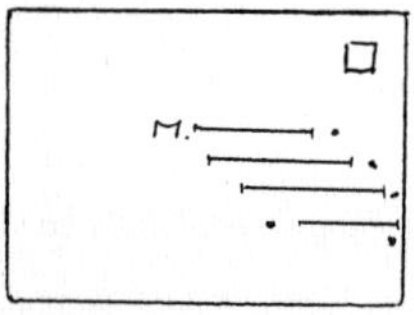

La personne est assez méfiante, diplomate, rusée et menteuse. On remarque en effet l'adresse disposée en escalier avec des points superflus au bout de chaque ligne.

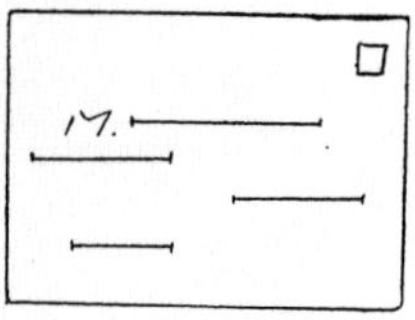

Le sujet est instable, angoissé. Il se sent isolé. Son esprit est confus et peu logique. Problèmes psychiques graves.

La signature

S'il est possible d'analyser un texte sans signature, l'analyse d'une signature sans texte reste limitée. Pourquoi ? C'est que la signature représente la tête et le texte le corps. Texte et signature sont donc liés.

Il importe donc, en premier lieu, d'examiner et de comparer l'écriture de la missive, celle de l'adresse et celle de la signature, tel qu'indiqué dans la section précédente. Il peut arriver que ces trois écritures diffèrent chez un même sujet : la missive, par exemple, donne à voir un petit graphisme serré et rond, l'adresse, au contraire, une écriture très grande et de forme anguleuse, tandis que la signature est illisible, garnie de fioritures. Un autre spécimen présentera une écriture régressive avec une signature progressive. Ces éléments indiquent immédiatement que le sujet n'a pas un caractère facile et qu'il est capable de mentir quand cela est nécessaire. Une signature suivie d'un point superflu confirme cette interprétation. Il suffit alors de dénombrer les autres signes de mensonge pour acquérir la certitude du diagnostic.

Une signature lisible, qui ressemble à l'écriture habituelle, sans aucun paraphe ni fioritures, est la meilleure. Tous les banquiers seront d'accord avec moi : c'est celle-là, d'apparence simple, claire et lisible, qui est la plus difficile à imiter par les voleurs de chèques !

Simple

Apposée à deux ou trois lignes d'intervalle, légèrement à droite sous le texte. Son aspect est similaire à celui du texte, lisible, sans paraphe.

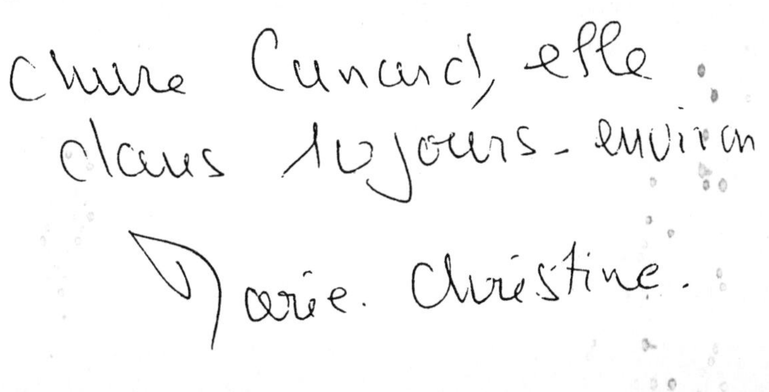

Signification : sujet honnête, dans la mesure où les autres signes le confirment. Il respecte son entourage et ne se prend pas trop au sérieux. Son caractère est agréable et souple.

* * *

Plus grande que le texte

Bien que d'aspect similaire, elle est beaucoup plus grande, notamment en ce qui concerne les hampes qui peuvent sembler démesurées. Celles-ci dépassent souvent la zone supérieure en comparaison du corps des voyelles.

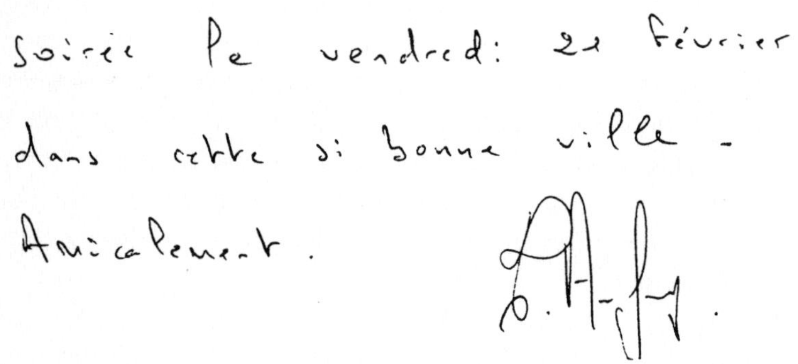

Signification : la personne est orgueilleuse, voire vaniteuse. Ses buts dépassent souvent ses possibilités. Arrogance, frustrations, complexes d'infériorité.

* * *

Plus petite que le texte

Elle est d'aspect semblable au texte, mais paraît toute petite, voire minuscule en comparaison.

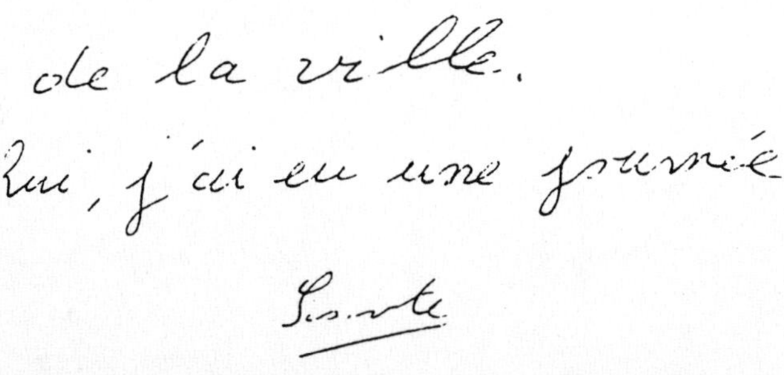

Signification : le sujet se sent marginal, exclu de la société, et en souffre. Il manque de spontanéité. Son jugement est souvent erroné. Il est peureux et angoissé.

★ ★ ★

Trop loin du texte

Elle se trouve à cinq ou six intervalles de la fin du texte.

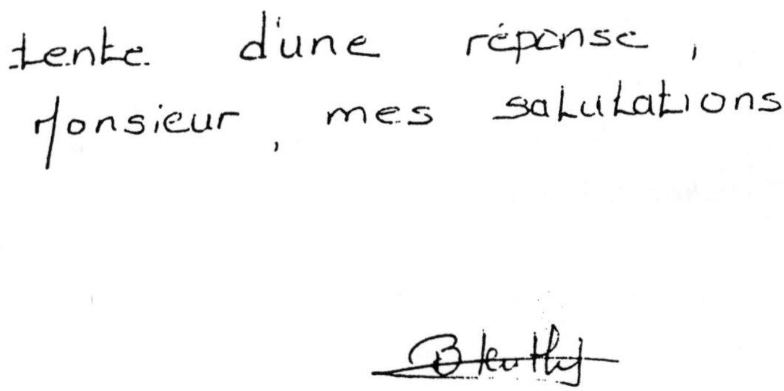

Signification : indépendance, isolement, indifférence à autrui. Névrose.

★ ★ ★

Collée au texte

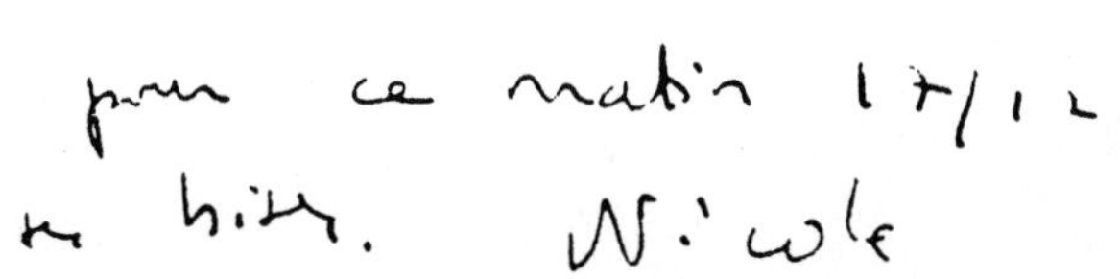

Signification : besoin de protection, attachement maladif à l'entourage, manque d'autonomie. Psychose.

★ ★ ★

Apposée au milieu sous le texte

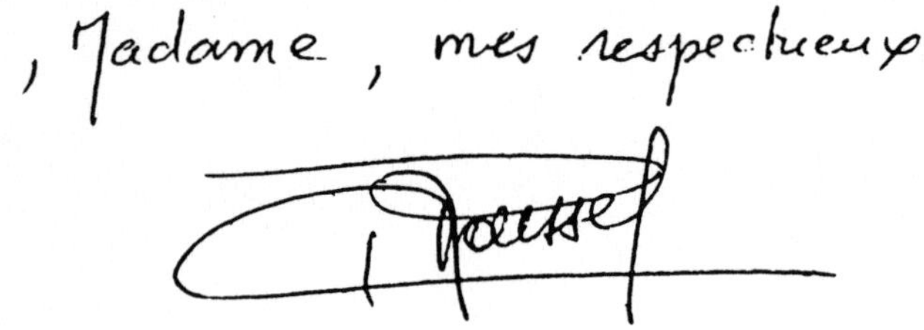

Signification : le sujet est très prudent et indécis. Il souffre occasionnellement de dépression.

★ ★ ★

Apposée à gauche sous le texte

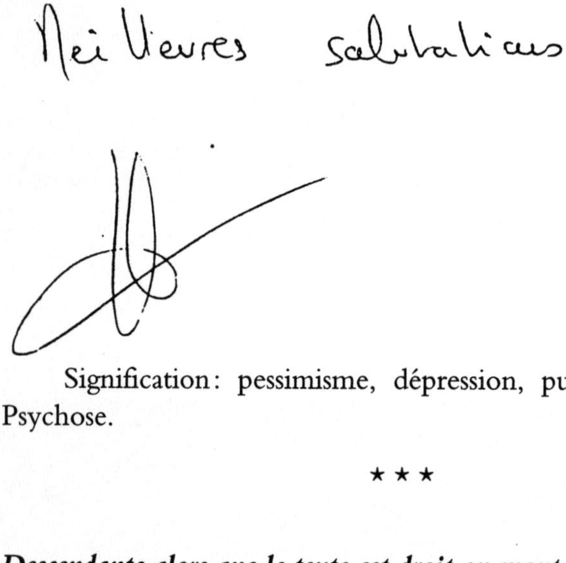

Signification : pessimisme, dépression, pulsions destructrices. Psychose.

★ ★ ★

Descendante alors que le texte est droit ou montant

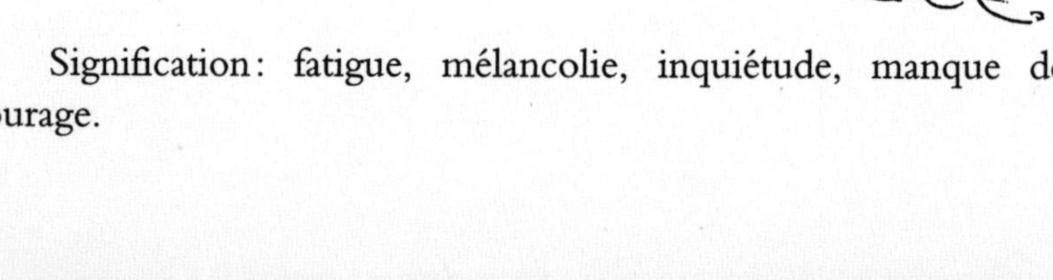

Signification : fatigue, mélancolie, inquiétude, manque de courage.

* * *

Montante alors que le texte descend

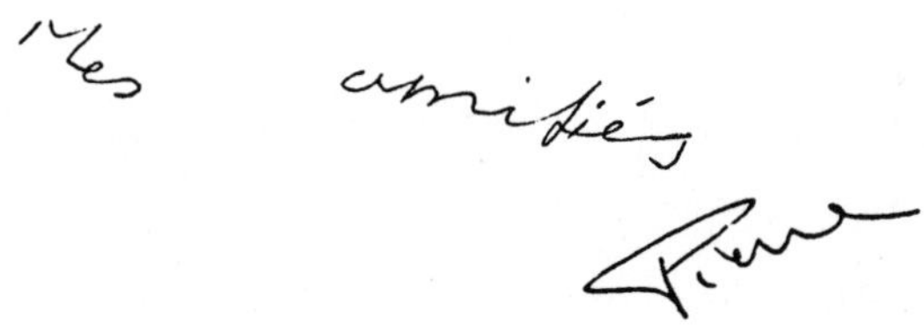

Signification : le sujet cherche à combattre sa maladie et sa souffrance. Ses émotions sont déviées. Fragilité, instabilité, buts chimériques.

* * *

En tous points différente du texte

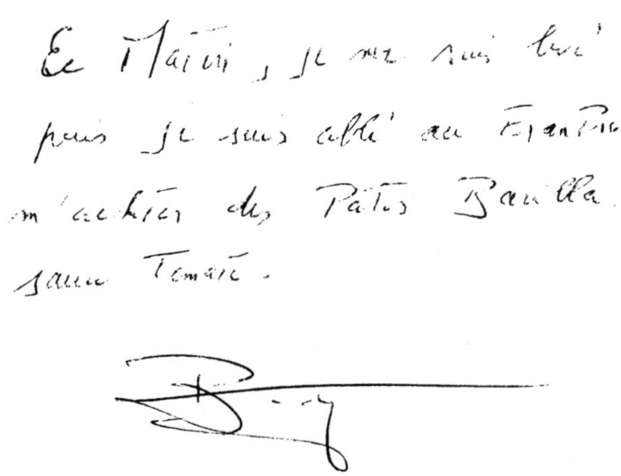

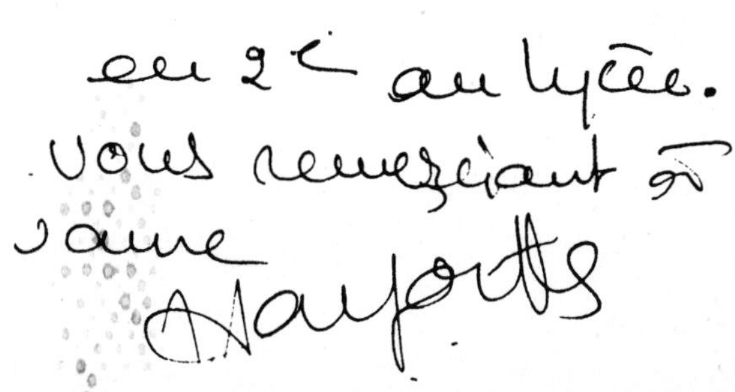

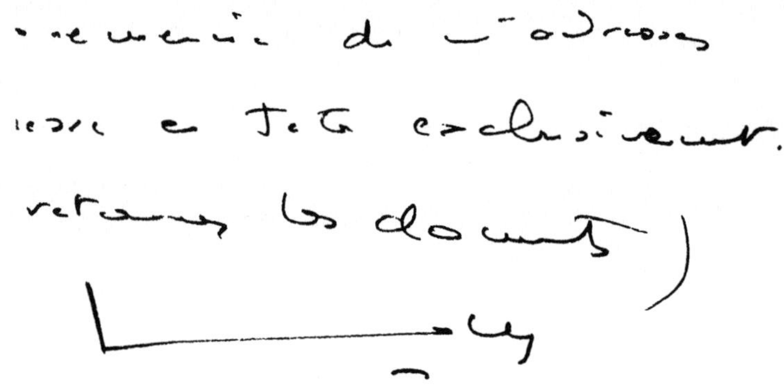

Signification : le sujet est habile et rusé. Il sait mentir et manipuler autrui dans son sens. Sa fiabilité est limitée.

★ ★ ★

Remarque: si vous avez affaire à un sujet qui signe des lettres toute la journée, il est évident que la signature se simplifie à l'extrême. Dans ce cas la signification est réduite.

Signature paraphée au milieu : tendance suicidaire et destructrice.

★ ★ ★

Signature entre deux paraphes : aptitudes commerciales.

★ ★ ★

Signature à paraphes verticaux ou anguleux : dureté, intransigeance, rancune. Le sujet est envieux.

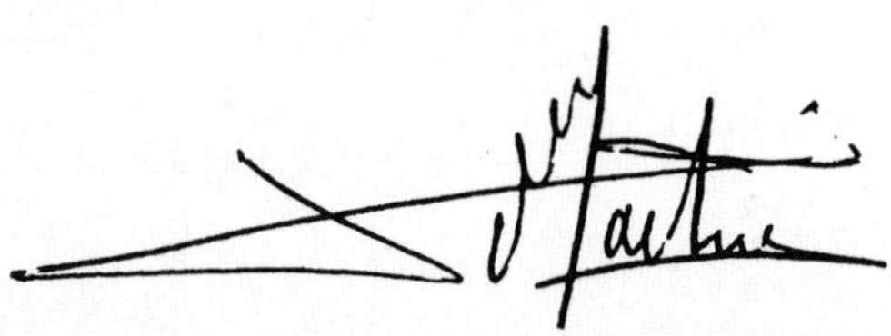

★ ★ ★

Signature entourée d'un paraphe rond : sujet protecteur, mais possessif.

★ ★ ★

LA VITESSE

La rapidité d'une écriture a une certaine importance. Le plus simple est d'observer le sujet lorsqu'il écrit quelques lignes devant soi. Vous pouvez ainsi l'observer et vous assurer qu'il ne vous donne pas un texte écrit par quelqu'un d'autre pour vous tromper. Répétons qu'il faut connaître l'âge, le sexe et la formation ou la profession de la personne. Si elle écrit très vite, cela signifie qu'elle possède une grande vivacité d'esprit et une certaine intelligence.

Un graphisme rempli de fioritures et de tracés régressifs est toujours plus lent, de même qu'une très grande écriture aux traits couvrants.

Rapide

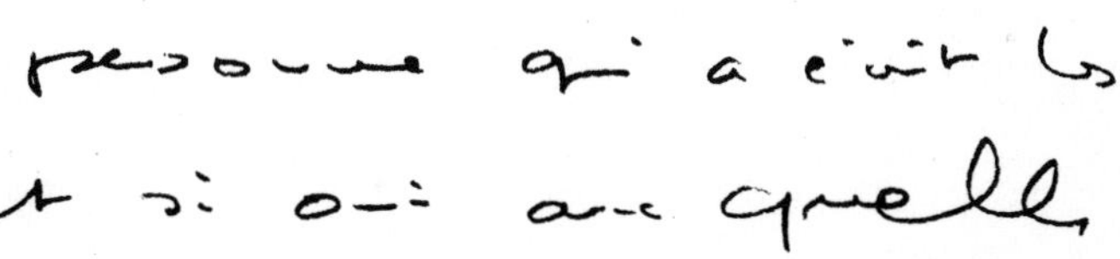

Voici l'écriture extrêmement positive d'un surdoué.

★ ★ ★

Lente

Écriture ralentie, aux voyelles enroulées et au tracé couvrant. Le sujet manque de maturité, il dissimule et ment.

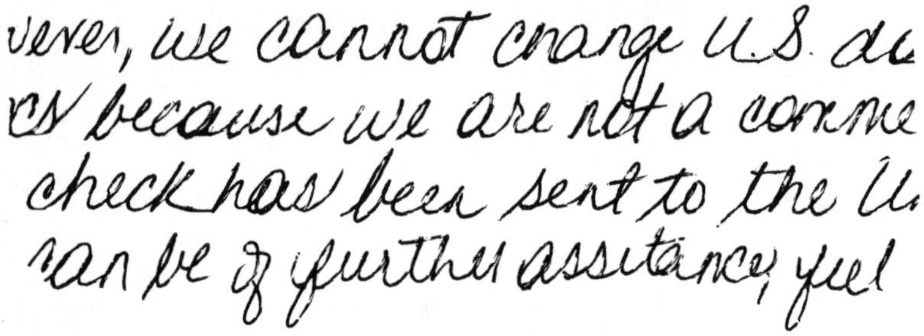

* * *

La pression

Il faut avoir examiné un grand nombre d'écritures pour savoir évaluer la pression du sujet sur son stylo. Cette évaluation a une certaine importance, notamment en ce qui concerne la santé du sujet.

Il est, de surcroît, indispensable de travailler sur des spécimens originaux. La pression ne peut en effet pas être observée sur une photocopie ni sur un écran de minitel ou d'Internet.

Commencez par retourner le papier à l'envers et soulevez-le vers la lumière. Si le tracé se voit en relief de l'autre côté, la pression est forte.

En résumé :

La pression forte et régulière indique une bonne santé, de la motivation et de l'énergie.

La pression irrégulière trahit une santé plus fragile et une humeur cyclothymique.

La pression légère mais régulière traduit une grande vivacité d'esprit.

La pression moyenne et régulière signifie un bon équilibre et une bonne adaptation.

La pression aux tracés brisés existe dans les cas où le sujet souffre d'une santé précaire et présente des problèmes cardiovasculaires. Le sujet peut également avoir une mauvaise circulation sanguine.

Une pression excessivement forte, excessivement faible, ou irrégulière de l'écriture est généralement le fait du malade mental ou du schizophrène.

Nous verrons différents exemples dans lesquels la pression entre en ligne de compte et suscite diverses explications.

L'ENTAME

Elle est le début de la première lettre du mot.

Tracé raide, bâtonné légèrement progressif

Esprit critique, caractère intransigeant.

* * *

Tracé en coupe ouverte (concave)

Sens de l'humour, caractère souple.

* * *

Lettre sans entame aucune

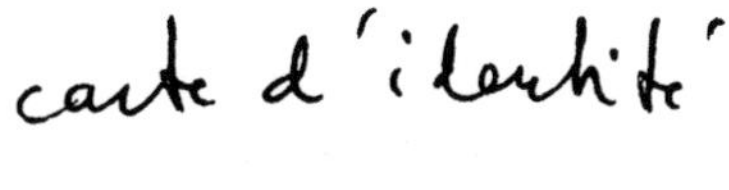

Sujet logique, rationnel, pragmatique.

* * *

En arcade

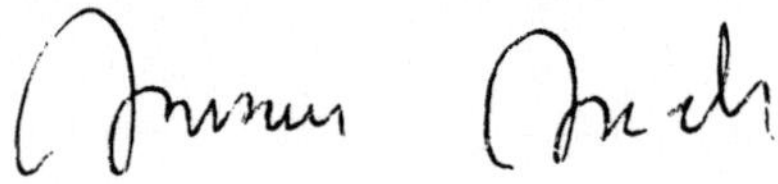

La personne sait manipuler autrui dans son sens. Elle peut à l'occasion se montrer autoritaire.

* * *

En fioritures

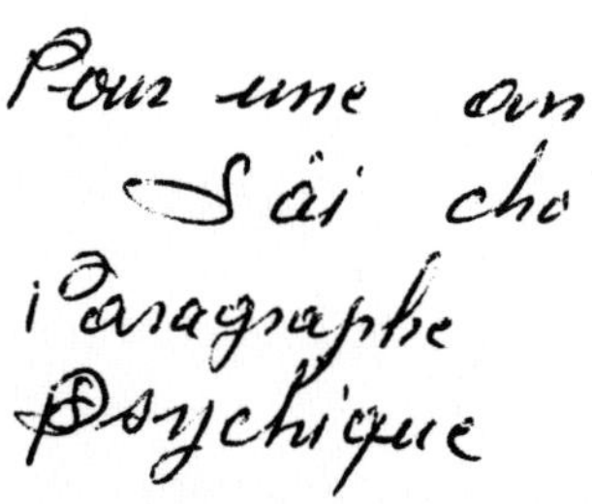

Le sujet peut dissimuler et mentir, il est méfiant.

* * *

La finale

Elle désigne le tracé qui termine la lettre.

La finale est:

Normale, légèrement montante

Amabilité, générosité.

* * *

Absente

Égoïsme, avarice, sens de l'économie.

* * *

Acérée

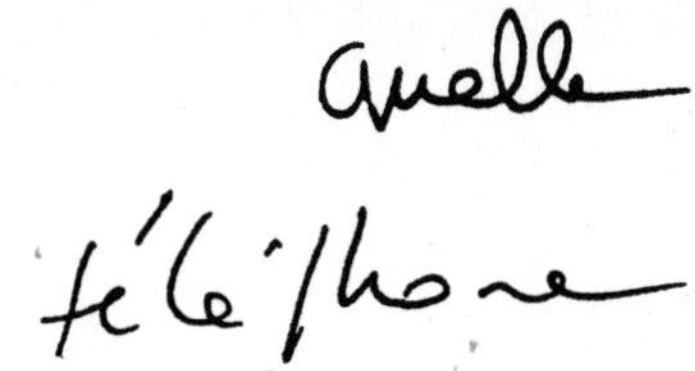

Pulsions destructrices, enthousiasme juvénile, irascibilité.

★ ★ ★

Lancée vers le haut

Emportement, colère, agressivité.

★ ★ ★

Plongeante sous la ligne de base

Humeur cyclothymique, névrose, dépression, pessimisme.

★ ★ ★

Longue et massuée

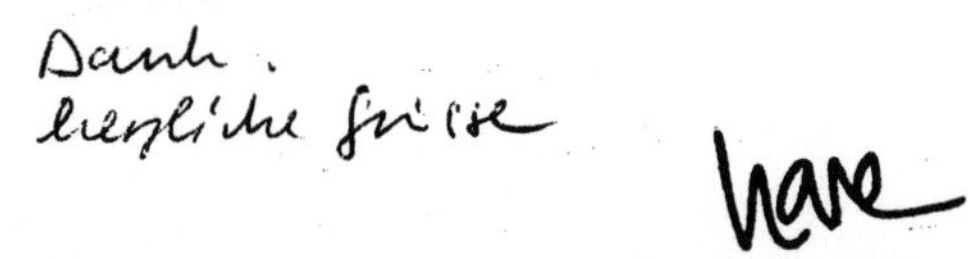

Ambivalence sexuelle, tendances homosexuelles. Le sujet peut repousser ses amis avec une certaine violence pour sauvegarder sa liberté.

★ ★ ★

Suspendue

Timidité, susceptibilité, mensonge par crainte.

★ ★ ★

La ponctuation

Utilisez votre loupe pour l'examiner.

Très élevée (au-dessus des lettres)

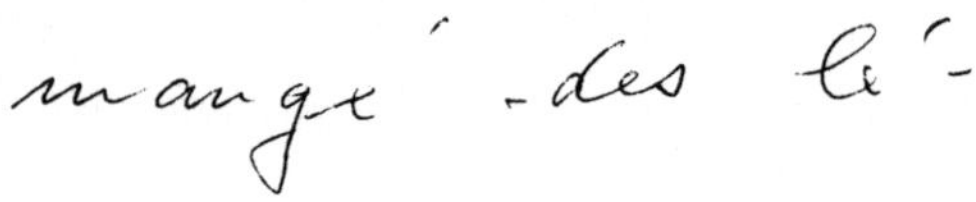

Imagination, idéalisme, buts élevés, mysticisme.

★ ★ ★

Reliée à la lettre suivante

Esprit analytique et déductif, vivacité intellectuelle.

★ ★ ★

Précise, légère

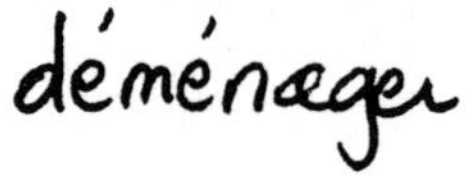

Bon équilibre, esprit logique, bonne concentration.

★ ★ ★

Lourde et boueuse

Alcoolisme, abus de drogues, névrose, psychose.

★ ★ ★

À droite de la lettre

Impatience, dynamisme, ambitions.

* * *

Superflue

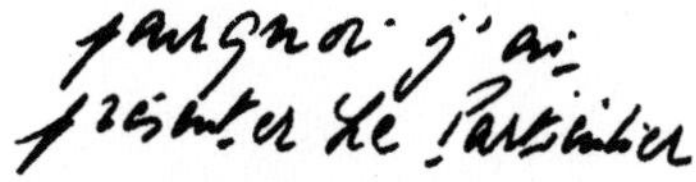

Méfiance, crainte, névrose, mensonge.

* * *

En fioritures ou en petits ronds

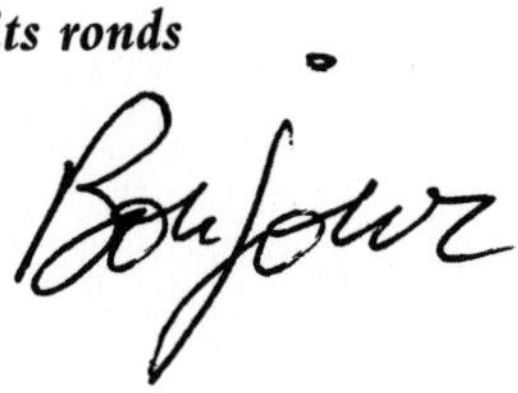

Séduction juvénile, voire régression infantile.

* * *

Sixième leçon

L'alphabet

La façon de tracer une lettre n'a pas une très grande signification. Il convient, comme toujours, de considérer l'ensemble de l'écriture d'une personne.

Les majuscules

Elles se trouvent, en général, au début de la phrase. Placées à l'intérieur des mots, ou au début des mots à l'intérieur de la phrase, elles indiquent des troubles psychologiques plus ou moins graves.

Simple

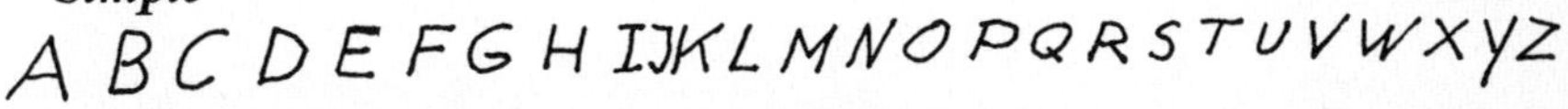

Esprit clair, logique, bon équilibre.

Aux tracés en lassos

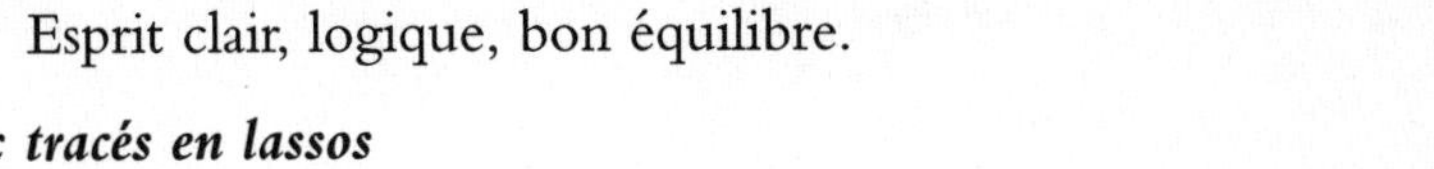

Persévérance, ténacité, obstination.

Surélevées par rapport aux minuscules

Vanité, orgueil, emportement, frustrations professionnelles et intellectuelles.

Aux tracés horizontaux concaves

Joie de vivre, sens de l'humour.

Aux tracés en arcades

Arrogance, manipulation d'autrui, autorité.

Peu élevées par rapport aux minuscules

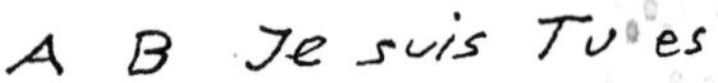

(Possible dans toutes les majuscules.)

Timidité, manque d'assurance ou de confiance en soi.

Aux tracés couvrants

(Possible dans toutes les majuscules.)

Dissimulation, mensonge, anxiété, angoisse.

Au dernier tracé suspendu

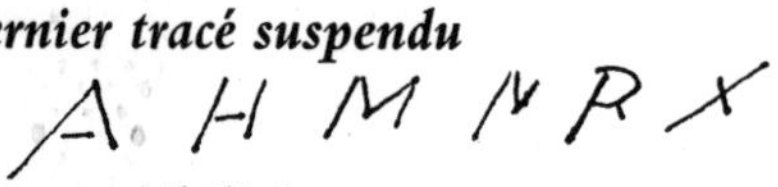

Susceptibilité, mensonge par peur.

Dernier trait plongeant sous la ligne de base

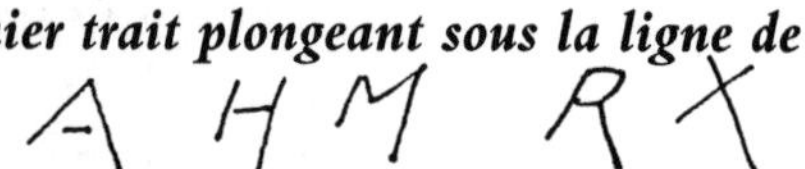

Matérialisme, égoïsme, envie, rancune, névrose.

À fioritures

(Possible partout.)

Fiabilité réduite, manque de maturité et d'éducation, problèmes psychologiques.

Crochets angulaires régressifs

(Possible dans de nombreuses majuscules.)

Avidité, cupidité, agressivité.

Ces significations ne s'appliquent pas toutes. Il est en effet nécessaire de faire un choix selon les autres caractéristiques de l'écriture. Certaines majuscules présentent également des tracés peu significatifs ou absents. Ces cas-là ne font pas partie de notre énumération.

Dans les chapitres précédents, comme dans le glossaire, vous vous êtes déjà familiarisé avec un certain nombre des spécificités propres à l'alphabet des majuscules comme des minuscules.

Les minuscules

Le « a » minuscule

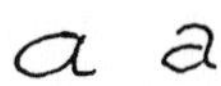 simple : *esprit clair et logique, bon équilibre.*

 ouvert en haut à droite : *extraversion, sociabilité.*

 trop ouvert en haut : *le sujet est bavard et médisant.*

 ouvert en haut à gauche : *diplomatie aiguë, mensonge.*

 ouvert en bas : *mensonge, cupidité, vol, manque de fiabilité.*

 annelé : *séduction, charme féminin.*

 trop grand par rapport aux autres lettres : *crédulité, manque de maturité.*

 ovalisé : *ambivalence sexuelle, hypocrisie.*

 enroulé : *dissimulation, mensonge, inhibitions, autoérotisme, névrose.*

 boueux : *fantasmes de débauche.*

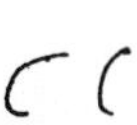 fragmenté : *tendances schizoïdes.*

discordant et confus, tracé de différentes façons : *mensonge, dissimulation, instabilité, névrose.*

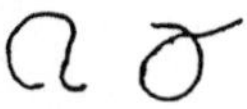
tracé dans le sens des aiguilles d'une montre : *hypocrisie, ruse, mensonge, manque de fiabilité.*

muni d'une petite boucle intérieure en haut : *avidité, cupidité, aptitude pour le commerce.*

Le « b » minuscule

simple : *esprit clair et logique.*

bouclé en lassos : *persévérance.*

à l'entame concave : *sens de l'humour, joie de vivre.*

ovalisé ou gonflé : *gourmandise, hédonisme, ambivalence, hypocrisie.*

fragmenté : *névrose, psychose.*

tracé couvrant ou enroulements : *égoïsme, narcissisme, auto-érotisme, anxiété.*

ouvert en bas ressemblant à un « h » : *névrose, autisme, ascétisme, mensonge.*

à crochets : *cupidité.*

surélevé : *orgueil, vanité, colère, emportement.*

Le « c » minuscule

simple : *esprit clair, équilibre.*

à petites boucles ou à crochets : *avidité, cupidité, égoïsme, mensonge.*

simplifié à l'extrême: *créativité intellectuelle, intelligence, grande vivacité d'esprit.*

le «d» minuscule

simple: *esprit clair, équilibre.*

hampe surélevée: *colère, emportement, frustrations, buts élevés.*

ouvert en bas: *hypocrisie, mensonge, fourberie.*

enroulé ou au tracé couvrant: *narcissisme, égocentrisme, mensonge, ruse.*

à la hampe régressive: *(mode d'écriture ancienne, sans signification).*

Le «e» minuscule

simple: *esprit clair et logique.*

tracé final recourbé: *égocentrisme, fourberie.*

forme grecque, parfois combiné avec le «s» suivant: *vivacité d'esprit, intelligence, créativité.*

tracé final réduit à un trait: *sens de l'économie, égoïsme.*

finale concave: *générosité. Si ce tracé est massué: ambivalence.*

tracé boueux: *perversions sexuelles, débauche, parfois maladie.*

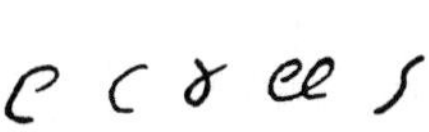
discordante, le «e» tracé de différentes manières: *instabilité, mythomanie, absence de fiabilité.*

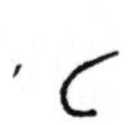
en forme de point ou de «c»: *indolence, égoïsme, mépris pour autrui, névrose.*

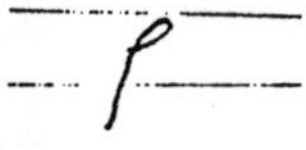
au tracé plongeant : *frustrations matérielles et sexuelles, dépression.*

Le «*f*» minuscule

typographique : *esprit clair, dureté, méchanceté.*

à lassos : *persévérance, ténacité.*

à la boucle inférieure longue : *libido forte, virilité.*

à la barre horizontale basse, sous la ligne : *inhibitions, névrose.*

boucle du jambage sinistrogyre, ouverte et acérée : *insatisfactions sexuelles, rancune, ruse, égoïsme, tendances suicidaires ou agressives, perversions, homosexualité latente, émotions déviées, névrose.*

boucle ouverte basse : *insatisfactions sexuelles, indolence.*

hampe trop élevée, jambage court ou absent : *buts élevés, chimères, rêves, frustrations, libido limitée.*

hampe réduite et jambage trop long : *frustrations matérielles et sexuelles.*

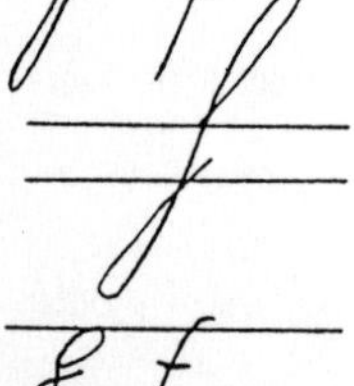
hampes et jambages excessivement longs : *frustrations dans tous les domaines.*

hampes et jambages écourtés : *matérialisme, hédonisme, égoïsme, cupidité, intérêt sexuel absent.*

angles régressifs : *rancune, agressivité, méchanceté.*

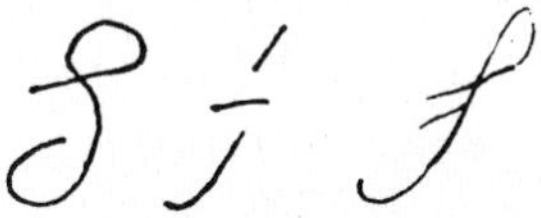
torsions aux brisures : *souffrances physiques et psychiques, tendances ambivalentes, voire homosexuelles.*

<u>Remarque :</u> en graphologie comme en philosophie, la libido inclut la joie de vivre, la volonté et la sexualité.

La sexualité = l'acte sexuel.
L'affectivité = les câlins, les baisers.
La sensualité = les caresses qui aboutissent à l'acte sexuel.

Le « g » minuscule

simple : *esprit clair, équilibre.*

jambage assez long à boucle fermée : *libido forte.*

jambage à boucle gonflée : *frustrations affectives, ambivalence, onanisme.*

jambage ouvert et acéré : *rancune, sexualité peu satisfaisante, ambivalence, tendances homosexuelles.*

jambage tordu : *homosexualité latente.*

jambage angulaire régressif : *rancune, envie, problèmes sexuels.*

jambage se terminant en pointe : *sexualité régressive.*

jambage trop long : *frustrations matérielles et sexuelles.*

zone médiane prédominante et gonflée : *hédonisme, besoin excessif d'affection, matérialisme.*

jambage massué : *alcoolisme, émotions déviées, névrose.*

tracé confus, discordant : *perversions sexuelles, dissimulation, mensonge, psychose, ambivalence.*

Le « h » minuscule

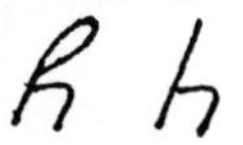
simple : *esprit clair.*

entame longue : *esprit critique.*

surélevé : *ambitions, mysticisme, orgueil.*

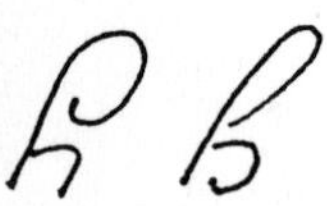
enroulé : *cupidité, ruse, avidité, égoïsme.*

au tracé suspendu : *susceptibilité, mensonge, crainte.*

à la hampe trop gonflée : *émotivité, rêves, chimères.*

Le « i » minuscule

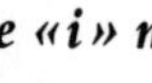
simple : *esprit clair.*

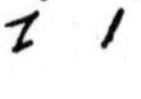
relié à la lettre suivante : *esprit analytique et déductif.*

ponctuation élevée : *imagination.*

ponctuation progressive, à droite de la lettre : *ambitions, impatience.*

ponctuation régressive, trop à gauche de la lettre : *crainte, peur.*

ponctuation lourde : *esprit caustique, méchanceté, névrose, cynisme.*

ponctuation en petits ronds : *blocage infantile, manque de maturité, enthousiasme juvénile.*

absence de ponctuation : *impatience, négligence, égoïsme.*

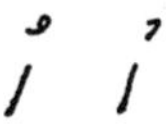
ponctuation en crochets ou enroulée : *matérialisme, cupidité.*

Le « j » minuscule

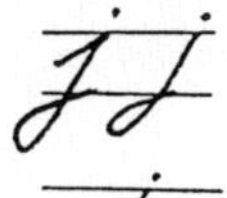
simple : *esprit clair, bon équilibre.*

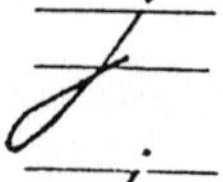
jambage trop long à boucle fermée : *frustrations matérielles et sexuelles.*

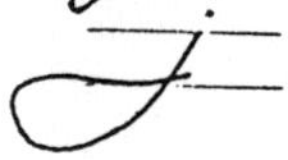
jambage trop gonflé : *fantasmes érotiques, autoérotisme.*

jambage ouvert et régressif : *ambivalence, pulsions destructrices, insatisfactions sexuelles.*

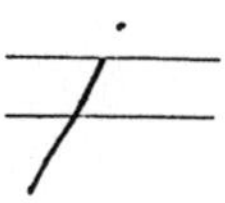
jambage bâtonné : *dureté, méchanceté, égoïsme.*

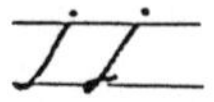
jambage avorté ou absent : *absence d'intérêt sexuel.*

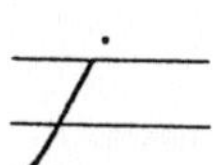
jambage barré en bas : *inhibitions sexuelles, refus de la sexualité.*

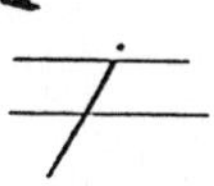
jambage sans boucle, effilé : *sexualité régressive, indolence, faiblesse.*

jambage angulaire : *rancune. Le sujet est envieux.*

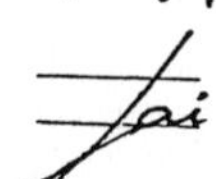
lettre trop prolongée en haut et en bas : *hypocrisie, mensonge, égocentrisme.*

lettre tordue : *maladie physique, ambivalence sexuelle.*

lettre fragmenté : *problèmes cardiovasculaires, psychose.*

Le « k » minuscule

simple : *esprit clair.*

hampe surélevée : *orgueil, vanité, emportement, frustrations intellectuelles.*

hampe trop gonflée : *rêves, chimères, amabilité, affectivité, créativité théâtrale.*

à fioritures : *avidité, honnêteté limitée, manque de maturité.*

Le « l » minuscule

simple : *esprit clair, équilibre.*

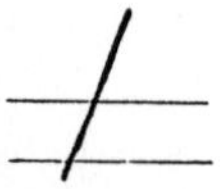

bâtonné : *matérialisme, méchanceté, cruauté.*

hampe surélevée : *orgueil, vanité, enthousiasme juvénile, ambitions qui dépassent les possibilités du sujet.*

hampe basse, repliée dans la zone médiane : *matérialisme, avidité, dons manuels, hédonisme, attachement aux plaisirs, cupidité.*

au tracé final anguleux : *ambition, égoïsme, virilité, dureté.*

au tracé final concave (arrondi) : *amabilité, générosité, charme féminin.*

lettre fragmentée : *bonne intuition, problèmes cardiovasculaires, tendances schizoïdes, émotions déviées.*

Le « m » et le « n » minuscules

simple avec un mélange d'angles et de guirlandes : *esprit clair, intelligence.*

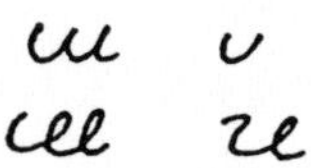
en guirlandes ou en guirlandes annelées : *sociabilité, séduction et charme féminin, générosité, affectivité, le sujet peut se laisser influencer.*

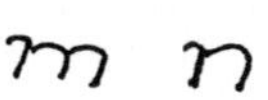
arqué : *arrogance, capacité de manipuler autrui, mensonge, maturité réduite, égoïsme.*

filiforme : *ambition, vivacité d'esprit, impatience, diplomatie.*

aux tracés surélevés : *emportement, colère, avidité, caractère difficile.*

entame longue : *esprit critique.*

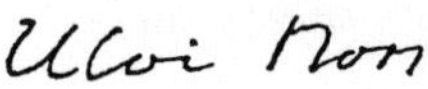
agrandi au début du mot : *crédulité, mensonge par peur, sujet infantile.*

lettre anguleuse : *ambition, virilité, persévérance, volonté forte.*

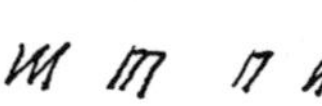
lettre trop resserrée : *inhibitions, réflexion, capacité de concentration, égoïsme, avarice, cupidité.*

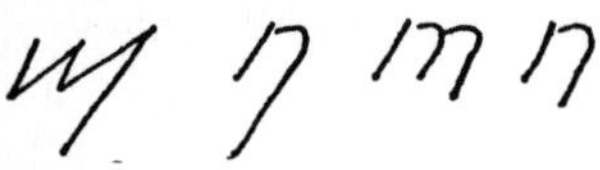
finale plongeante sous la ligne de base : *dépression, humeur cyclothymique, brutalité.*

finale arrondie : *générosité, amabilité, besoin d'affection.*

finale suspendue : *susceptibilité, timidité, dissimulation.*

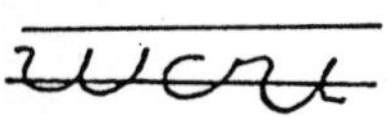
guirlande élargie descendant sous la ligne de base : *dépression, pessimisme. Névrose, psychose.*

discordante, écrite de différentes façons (illisible) : *dissimulation, mensonge, peur, névrose.*

Le « o » minuscule

simple : *équilibre.*

fermé avec un tracé couvrant : *discrétion, concentration.*

annelé : *diplomatie, ruse, séduction, charme.*

enroulé : *persévérance, égocentrisme, mensonge, autoérotisme, duplicité, narcissisme.*

discordant (ressemblant à d'autres lettres) : *instabilité, mythomanie, tendances destructrices. Névrose, psychose.*

tracé dans le sens des aiguilles d'une montre : *avidité, cupidité, ruse, malhonnêteté.*

ouvert en haut : *sociabilité, volubilité, manque de discrétion.*

ouvert en bas : *fourberie, vol, absence de fiabilité.*

grand et rond, au tracé épais : *hédonisme, affectivité excessive, charme féminin, gourmandise, bonté, générosité, crédulité, manque de maturité.*

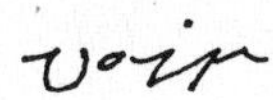

plus petit que les autres minuscules : *rancune, le sujet a souffert de privations dans le passé. Inhibitions, susceptibilité.*

maigre : *sens de l'économie, avarice, égoïsme.*

en forme de cœur : *crainte des maladies cardiovasculaires, angoisse, névrose, phobies.*

Le « p » minuscule

simple : *esprit clair, équilibre.*

bouclé : *aptitude commerciale, ruse, avidité.*

à lassos : *persévérance.*

convexe : *imagination, créativité, rêve. Le sujet peut se montrer indépendant et autoritaire.*

angulaire : *ambition, dureté, loyauté, dynamisme.*

lettre en courbes molles : *indolence, lâcheté, amabilité.*

au tracé prolongé : *ambitions chimériques, mensonge, frustrations.*

au jambage très long ou tombant dans la ligne suivante : *besoin de mouvement physique, ambitions matérielles, frustrations, dons manuels, esprit confus, amoralité.*

au tracé couvrant : *dissimulation, hypocrisie, crainte, angoisse.*

aux petits crochets (à examiner à la loupe) : *cupidité, égoïsme, mensonge, dons commerciaux.*

jambage massué : *alcoolisme, déviations sexuelles, débauche.*

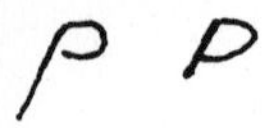
jambage qui s'effile, de faible pression ou absent: *libido régressive ou absente, désirs chimériques.*

jambages de forme et de longueur variées: instabilité, infidélité.

Le «q» minuscule

simple: *esprit clair.*

jambage long: *libido forte, dynamisme.*

au tracé horizontal superflu en bas du jambage: *libido refoulée, combativité réduite, névrose.*

jambage brisé ou effilé: *maladie cardiovasculaire, hypertension, libido régressive, fatigue générale.*

jambage très court ou absent: *absence de sexualité, matérialisme prononcé.*

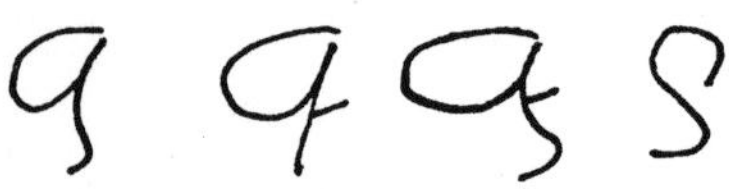
la panse ovalisée et le tracé tordu: *ambivalence, homosexualité, duplicité.*

Le «r» minuscule

simple ou simplifié: *esprit clair, vivacité d'esprit, intelligence.*

«R» majuscule mis à la place de la minuscule: *créativité, imagination. Névrose, psychose.*

Le «s» minuscule

simple: *esprit clair.*

fermé à lassos: *persévérance, le sujet est possessif.*

entame concave: *sens de l'humour.*

 fermé en double lasso, en haut et en bas : *le sujet est possessif et très jaloux.*

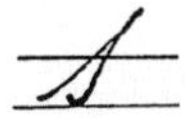 au tracé surélevé : *vanité, susceptibilité, égoïsme, matérialisme.*

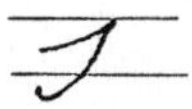 au tracé plongeant sous la ligne de base : *fatigue, dépression, humeur cyclothymique.*

 entame longue : *esprit critique.*

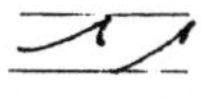 à la finale suspendue : *susceptibilité, timidité, mensonge par crainte.*

Le « t » minuscule

 simple : *esprit clair, volonté, dynamisme, équilibre.*

 fermé en lassos : *persévérance, obstination, volonté.*

 à l'entame concave ou à la barre ondulée : *sens de l'humour, caractère souple et agréable.*

 barre massuée : *ambivalence sexuelle.*

 barre descendante : *sujet autoritaire et despotique.*

 barre entamée en bas et montante : *sensibilité, susceptibilité, sujet faible.*

 barre lancée vers le haut : *enthousiasme juvénile qui débouche sur l'emportement et sur la colère, vitalité, énergie.*

 barre du « t » courte, posée à gauche : *pessimisme, indolence, lâcheté, romantisme.*

 barre du « t » courte et posée à droite : *esprit vif, optimisme, ambition, négligence.*

barre épaisse, courte et basse : *isolement affectif, humilité, dépression.*

barre de pression faible : *le sujet se laisse influencer, il est trop complaisant, volonté faible.*

barre surplombante : *sujet autoritaire et despotique.*

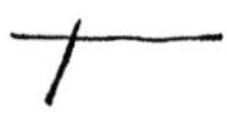
barre trop longue : *ambitions chimériques, fourberie, mensonge, vol.*

barre convexe et isolée : *rêves, utopies, idéalisme, mysticisme.*

barre acérée, se terminant en pointe : *esprit cynique ou caustique, tendances destructrices.*

barre en tracé régressif et angulaire : *agressivité, méchanceté, rancune, le sujet est très envieux, caractère difficile.*

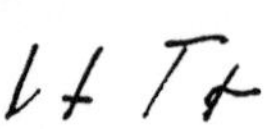
barre discordante, de formes variées : *instabilité, volonté fluctuante. Névrose, psychose.*

absence de barre de « t » : *volonté faible, sauf si l'écriture est très progressive et angulaire.*
Dans ce cas nous avons affaire au graphisme du passionné qui a une volonté forte même en l'absence de la barre du « t ».

Le « u » minuscule

simple : *équilibre.*

filiforme : *diplomatie, impatience, vivacité d'esprit, nervosité, instabilité.*

élargi : *amabilité, charme, affectivité, gourmandise, ambivalence.*

descendant sous la ligne de base : *dépression, humeur cyclothymique.*

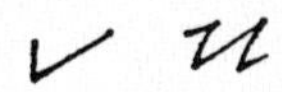 angulaire : *ambition, volonté forte, dynamisme, affectivité réduite, dureté, virilité.*

 entame longue : *esprit critique.*

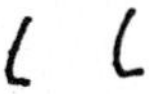 fragmenté : *duplicité, angoisse, mensonge, tendances schizoïdes.*

 bouclé : *aptitudes commerciales, avidité, diplomatie aiguë, mensonge, égoïsme.*

Le «v» et le «w» minuscules

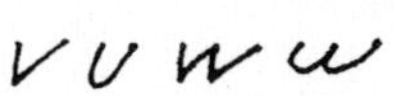 simple : *équilibre, logique.*

 filiforme : *impatience, nervosité.*

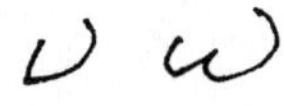 finale régressive : *inhibitions, angoisse, mensonge.*

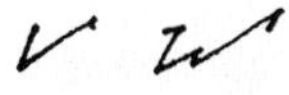 crochets : *avidité, cupidité, violence.*

 guirlandes : *amabilité, sociabilité, charme.*

 guirlandes annelées, lassos : *séduction, ténacité, aptitude à manipuler autrui.*

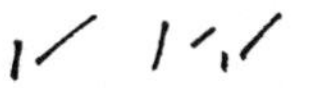 fragmenté : *émotions déviées, névrose.*

 finale lancée : *enthousiasme juvénile, colère.*

 forme étrange, pornographique : *fantasmes de débauche, ambivalence sexuelle, égoïsme.*

Le «x» minuscule

Important : la lettre «x» = sans signification.

Le « *y* » minuscule

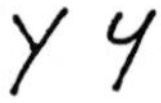 simple : *équilibre.*

 jambage avorté, effilé : *libido régressive, fatigue générale.*

 jambage court ou absent : *absence de sexualité.*

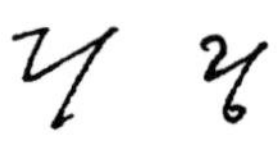 crochets ou enroulements : *aptitudes pour le commerce, ruse, avidité, égoïsme, matérialisme.*

 jambage recourbé, ouvert ou trop gonflé : ambivalence, homosexualité.

Le « *z* » minuscule

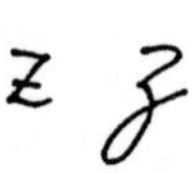 simple : *esprit clair, logique.*

 à la finale lancée : *enthousiasme juvénile, emportement.*

 massué : *ambivalence, écartement brutal des amis.*

Septième leçon

Qualités et défauts principaux

Ayez toujours quelques cartes postales ou lettres de vos amis à côté du livre, et continuez de noter sur un papier, en colonne, les découvertes que vous faites relativement à leurs écritures. À la fin, vous ferez une synthèse en ne considérant que les appréciations les plus fréquentes. Par la suite, lorsque vous reverrez ces amis, proposez-leur une petite analyse de leur graphisme, tout en précisant que vous n'êtes qu'un amateur en train de s'initier à la matière. À votre grand étonnement, la plupart des personnes seront ravies. En général, elles aiment être analysées.

Commencez par leur demander de dessiner un serpent, comme s'il s'agissait d'un jeu de société ! Surveillez-les, car vous avez besoin de savoir dans quel sens ils ou elles dessinent le reptile. Le serpent représente la sexualité. Vous avez des exemples de dessins et d'interprétations à la fin de ce chapitre.

Il est étonnant de constater combien il existe de formes variées d'un simple serpent.

Cet exercice détend les gens les plus inhibés. Vous annoncerez vos découvertes avec ménagement. Si, par exemple, vous soupçonnez le sujet d'être homosexuel, parlez-lui d'une certaine ambivalence sexuelle. L'être le plus susceptible ne pourra vous en vouloir puisque Lacan, tout comme Freud et d'autres psychanalystes, affirment qu'une certaine ambivalence existe chez tout être humain. L'absence d'intérêt pour la sexualité peut se comprendre comme une forme de régression.

Votre ami mythomane sera « doué pour la diplomatie » ou « très imaginatif ».

Chaque écriture comme tout caractère, présente des qualités et des défauts ; d'autant que ce qui est une qualité pour l'un, peut très bien représenter un défaut pour un autre !

Commencez toujours par annoncer les découvertes les plus positives ! Si, par exemple, le sujet est visiblement surdoué, parlez-lui de son intelligence avant toute chose ! En revanche, si cette dernière semble absente ou réduite, ne la mentionnez pas ; arrêtez-vous plutôt aux dons de créativité artistique « manuelle », voire latente, du sujet en question. Il oubliera ainsi la question de l'intelligence et ne sera pas vexé.

Dans cette septième leçon, nous allons aborder les spécificités et les excès significatifs qui révèlent sans équivoque les qualités et les problèmes les plus évidents de la personne.

Chaque appréciation est illustrée par des exemples variés, inédits. Ceux-ci ne sont pas classés alphabétiquement, mais selon leur importance. Vous pouvez, cependant, les retrouver facilement dans la table des matières à la fin du manuel.

L'AGRESSIVITÉ, LA CRUAUTÉ (EXCESSIVE, VOIRE DANGEREUSE)

Les tracés sont violents, anguleux, acérés et souvent munis de petits crochets régressifs ou monotones.

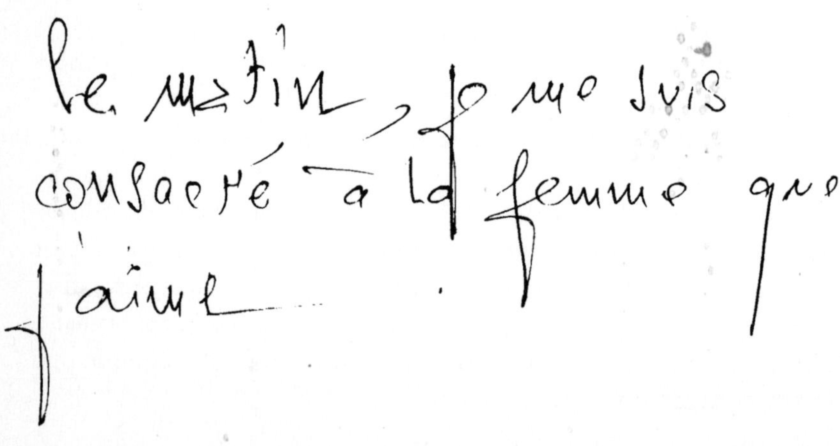

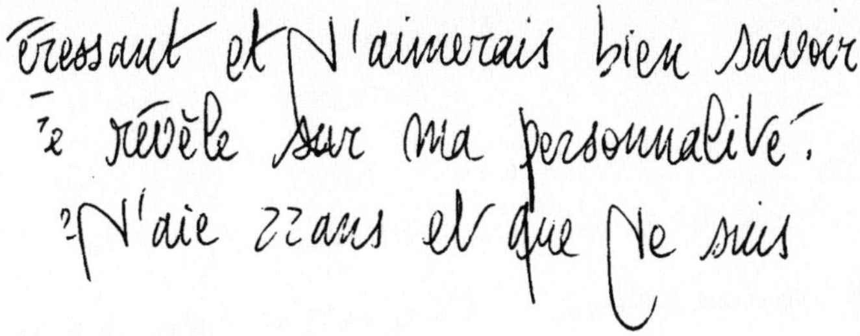

éressant et j'aimerais bien savoir
e révèle sur ma personnalité.
j'aie 22 ans et que je suis

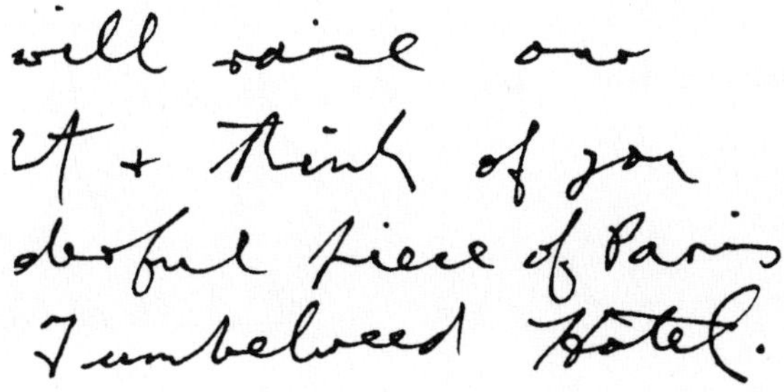

will raise one
it + think of you
derful piece of Paris
Tumbleweed Hôtel.

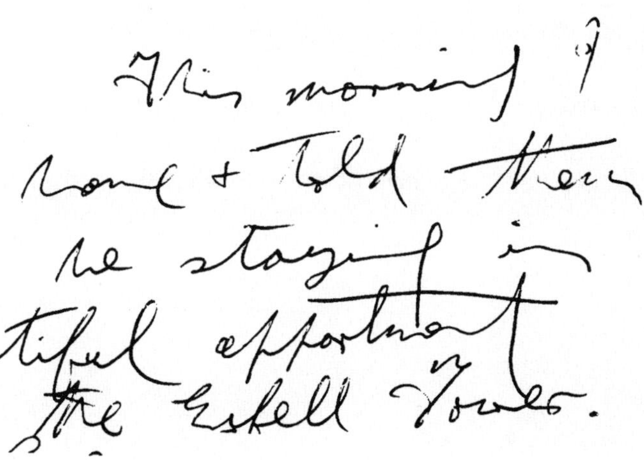

This morning I
rome + told them
re staying in
tiful apartment
the Estell Tower.

* * *

L'AVARICE
(CUPIDITÉ EXCESSIVE, ÉGOCENTRISME ENFANTIN, AVIDITÉ)

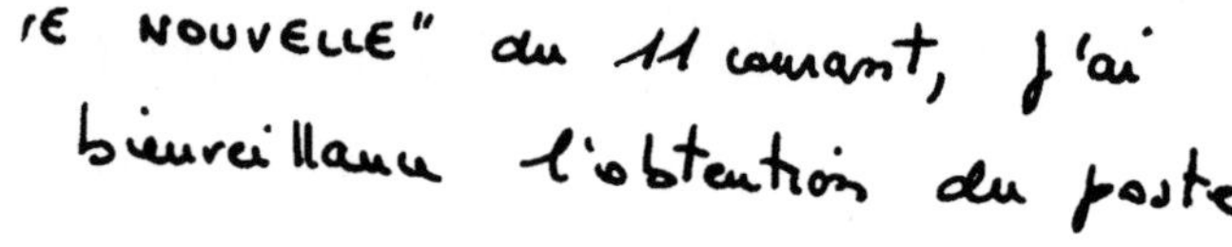

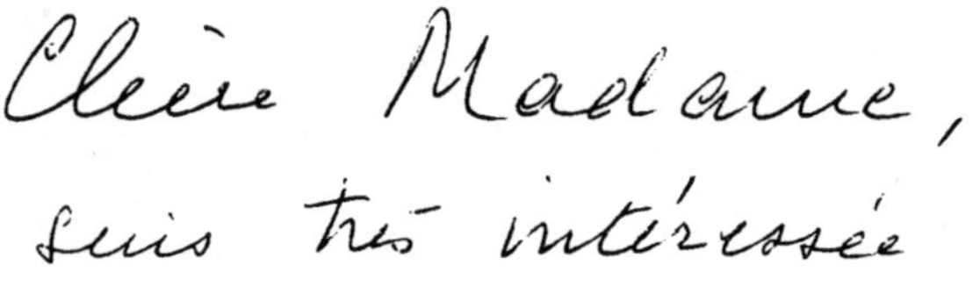

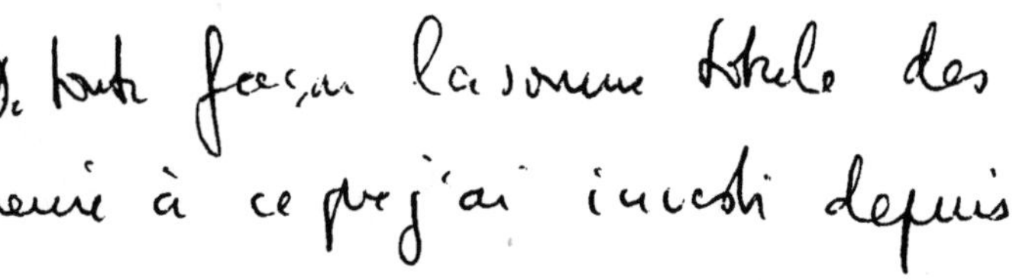

Vous avez remarqué combien les mots se terminent de manière abrupte, sans tracé final.

★ ★ ★

UNE ÉDITION DU CLUB QUÉBEC LOISIRS INC.

Dépôt légal — Bibliothèque nationale du Québec, 2000
ISBN 2-89430-439-0
(publié précédemment sous ISBN 2-7619-1537-2)

Imprimé au Canada

La colère, l'emportement

Un trait, à l'intérieur ou à la fin du mot, s'élève subitement au-dessus de sa dimension normale.

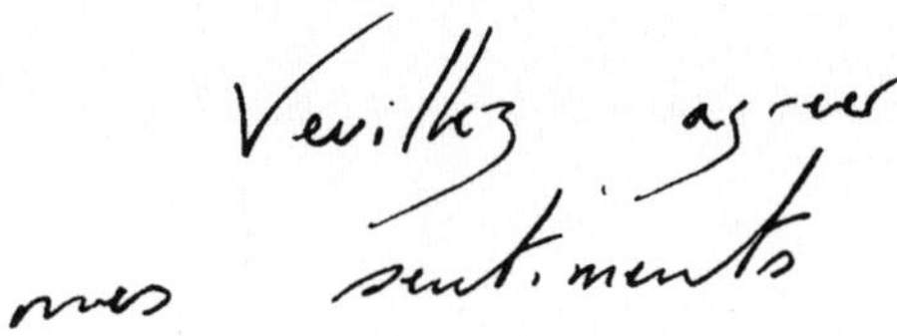

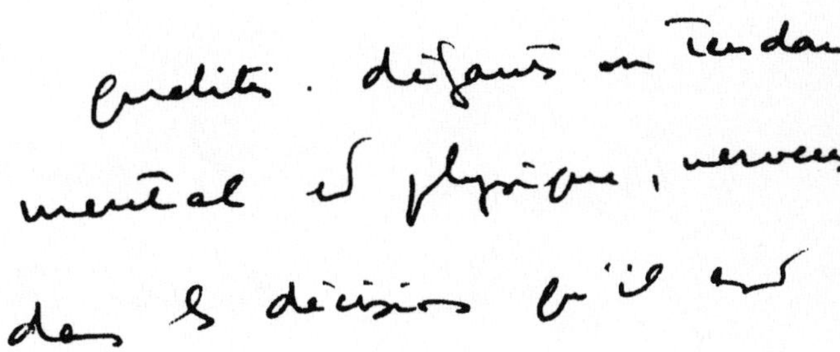

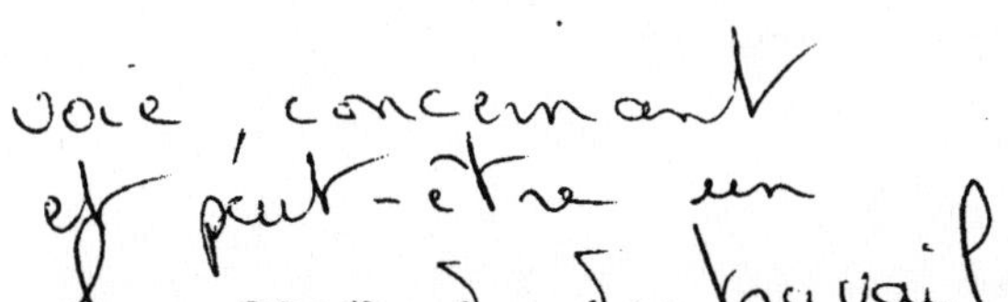

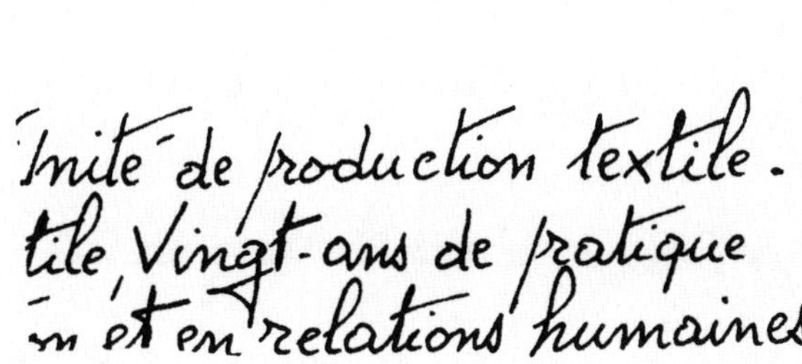

* * *

La créativité intellectuelle

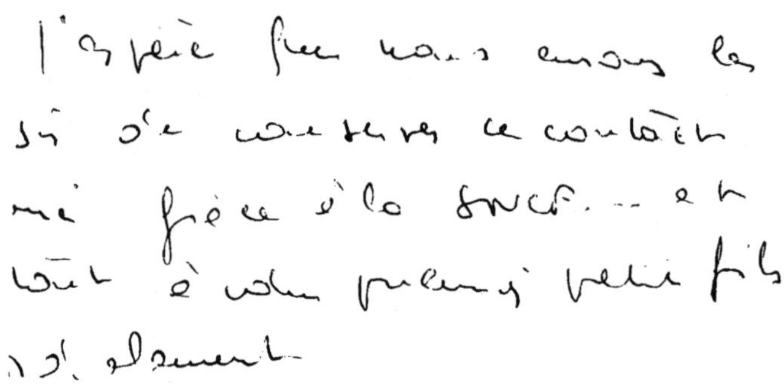

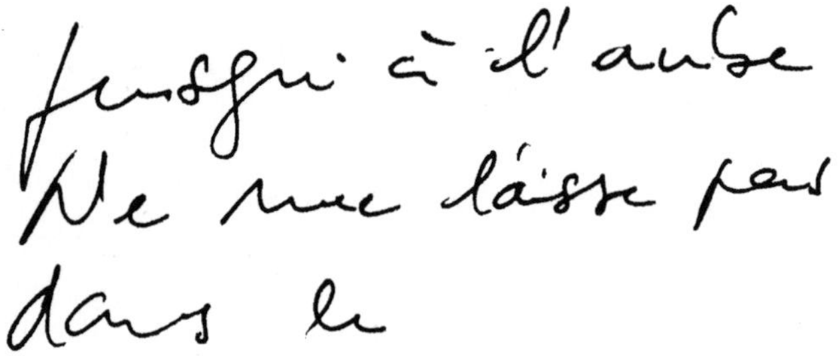

Écriture rapide, illisible.

* * *

La créativité manuelle

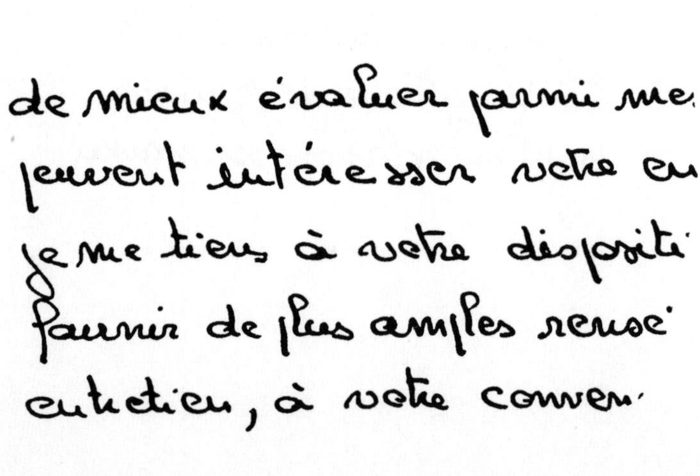

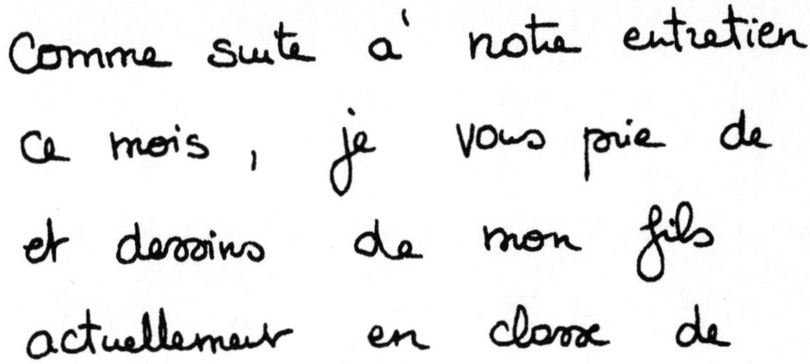

Écriture très lente, voire épaisse et régressive.

* * *

La dissimulation

Tracé couvrant, lettres de formes variées, enroulées.

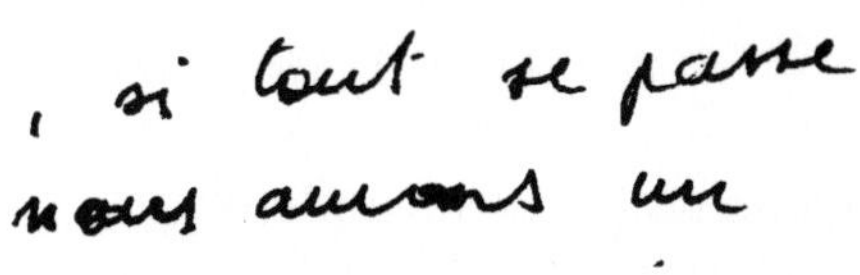

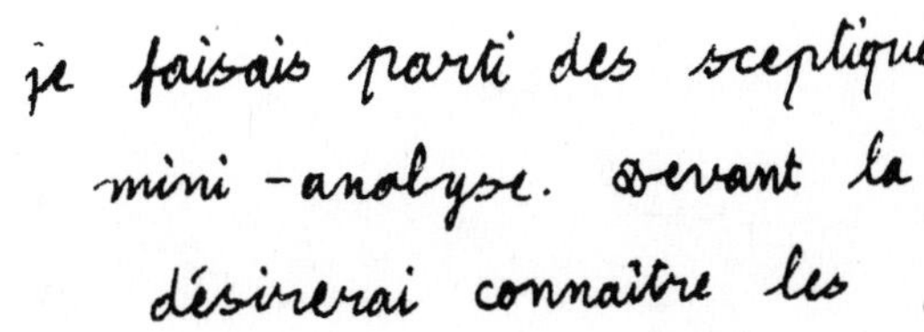

* * *

La maladie physique

Pression de la plume irrégulière, brisée, ou trop lourde et pâteuse. Lettres tordues par la souffrance.

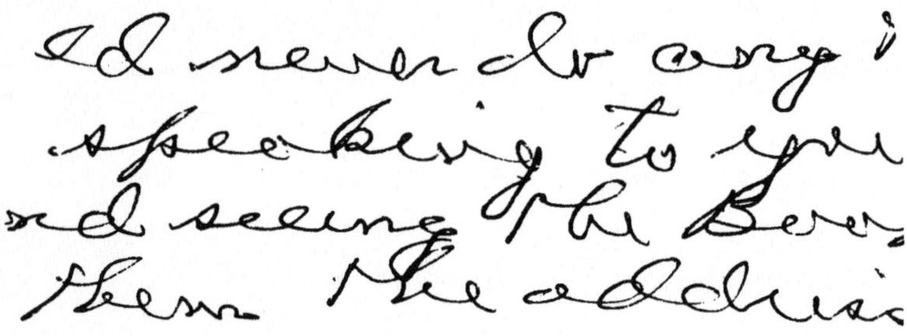

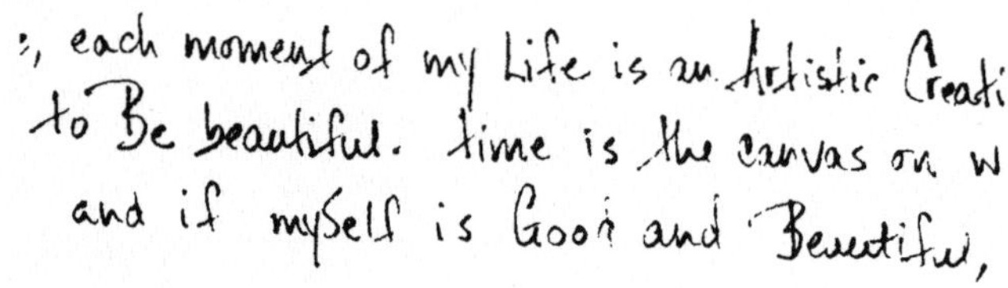

* * *

La maladie mentale

Lettres fragmentées, ensemble illisible.

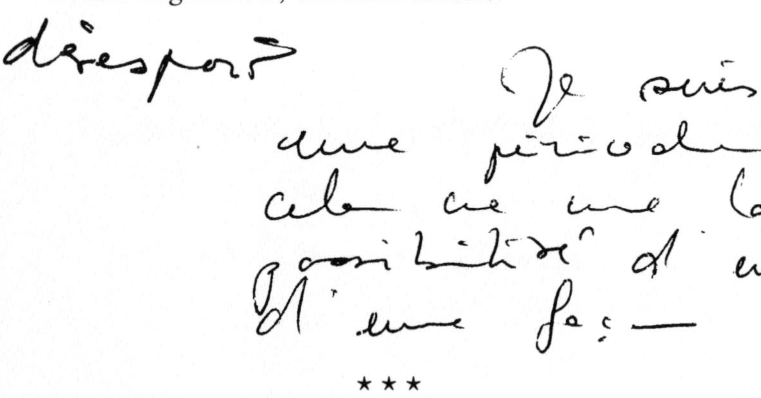

* * *

L'infidélité (sexuelle)

Jambages de longueur et de forme variées dans le même texte.

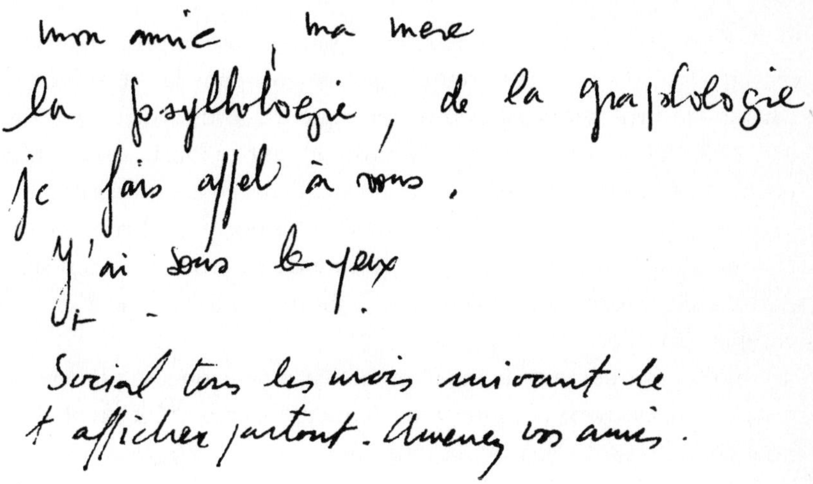

* * *

La jalousie (le sujet est envieux, possessif et jaloux)

La lettre « s » est bouclée en lassos. Dans le cas du sujet jaloux et possessif, elle l'est en bas et en haut !

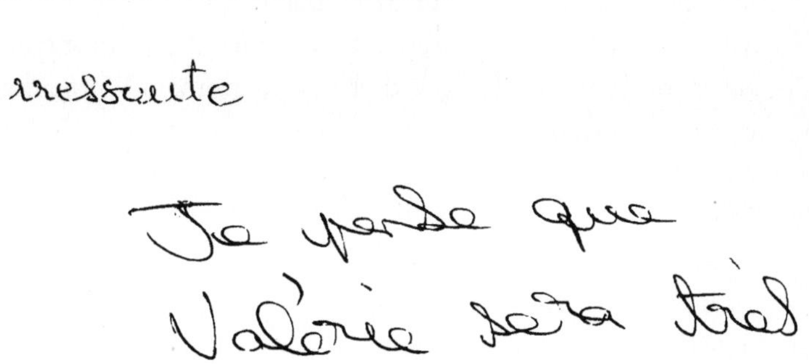

* * *

Le mensonge

Cette section est importante, car le mensonge englobe la duplicité et la malhonnêteté.

Il est difficile d'avoir une relation satisfaisante et prolongée avec un sujet qui ment tout le temps, que ce soit dans la vie privée ou dans la vie professionnelle. Vous rétorquerez, à juste titre, que tout le monde ment. En effet, tout le monde peut recourir à un certain nombre de petits mensonges de politesse. Dans ce cas, l'écriture n'en comporte pas le moindre signe. Prenez n'importe quel romancier à l'imagination fertile et vous serez étonné de ne trouver aucun signe de mensonge dans son graphisme, à moins qu'il s'agisse d'un être vraiment fourbe.

Pour estimer que le sujet ment davantage que la plupart des gens, il faut pouvoir compter plus de quatre signes évidents et répétitifs de mensonge dans son graphisme.

Le mythomane intelligent dont l'écriture présente huit signes de mensonge ou davantage, s'efforcera quant à lui d'améliorer son graphisme et d'effacer ces signes. Mais, à votre surprise, vous verrez apparaître huit ou neuf autres signes de mensonge, car le sujet reste fourbe!

Voici les signes de mensonge:

— ensemble illisible
— ligne de base très sinueuse
— enroulements des voyelles
— voyelles «a» et «o» ouvertes en bas
— voyelles tracées dans le sens des aiguilles d'une montre
— lettres tombant sous la ligne de base, notamment les majuscules
— lettres suspendues
— discordances
— fioritures
— arcades
— enchevêtrements
— boucles
— crochets
— trait ou mot gladiolé (acéré)
— dimension fluctuante (variable)

— tracés sinistrogyres
— ensemble d'inclinaison régressive ou variable
— points superflus, lourds ou fantaisistes
— graphisme de la signature et de l'adresse différents de celui du texte
— retouches superflues
— écriture très différente d'un texte à l'autre
— écriture ralentie
— espaces irréguliers
— aspect artificiel et monotone

Remarque : notez sur un papier le nombre de signes que vous découvrez dans les spécimens d'écriture que vous cherchez à analyser. Cinq signes ou moins indique que le sujet est assez honnête ; cinq à huit signes, qu'il est très diplomate et peut mentir quand c'est utile ; au-delà de huit signes, quels qu'ils soient, vous avez affaire à un mythomane. Fuyez-le !

Les spécimens d'écriture des criminels et des malades mentaux vous ont déjà familiarisé, dans une certaine mesure, avec ces signes spécifiques.

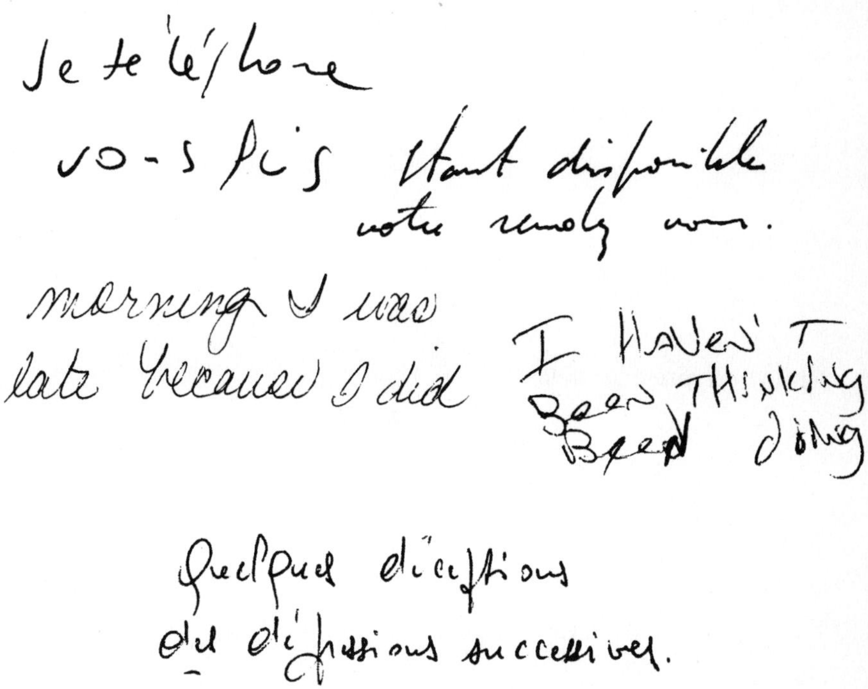

* * *

La sexualité (l'ambivalence, la bisexualité, l'homosexualité, la débauche et la perversion sexuelles)

Normale

Frustrée

Ambivalente

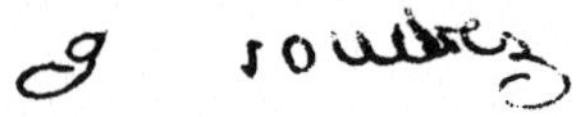

Peu marquée, voire absente

Régressive

Dépit et déception sexuelle

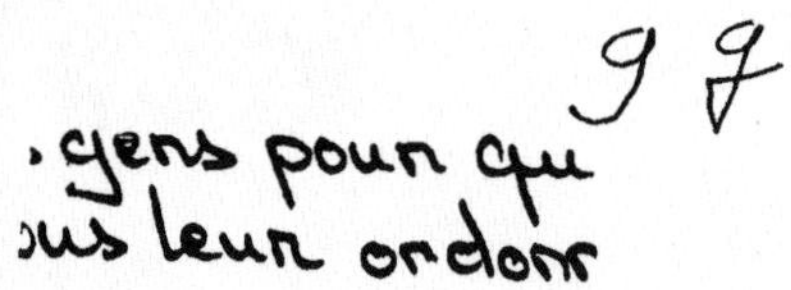

Homosexualité

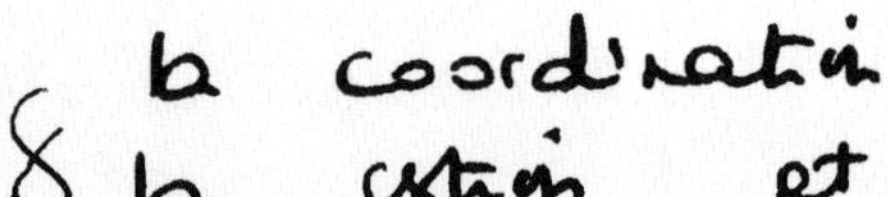

Peur de la sexualité

Débauche et perversité sexuelles

Libido forte

Libido faible

(peu satisfaisante)

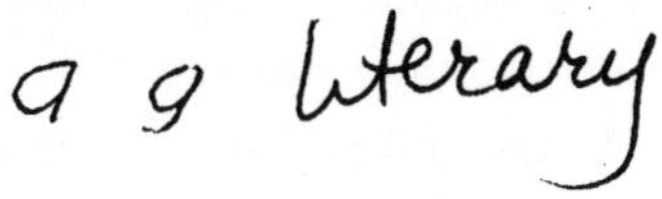

Infidélité sexuelle

(jambages de longueurs et de formes variées)

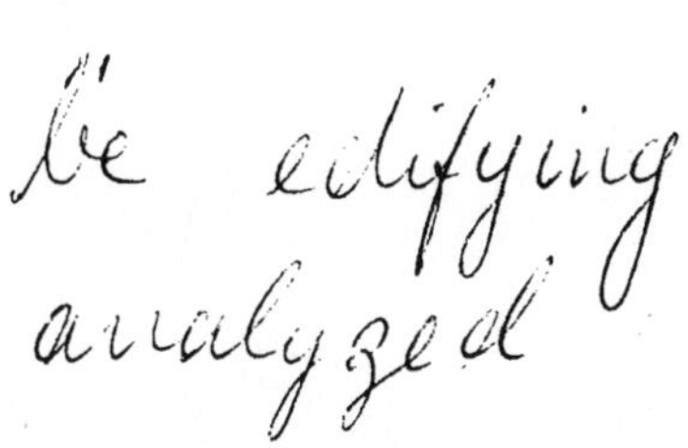

* * *

Répétons que ces signes, pour être considérés comme significatifs, doivent se répéter plusieurs fois dans la même missive. S'il en existe une grande variété, il faut dénombrer ceux qui prédominent. Ce sont eux qui détermineront la signification. L'interprétation du dessin du serpent complète cette section. Elle amusera vos amis !

Cette septième leçon est fragmentaire et sera largement étoffée par les chapitres suivants consacrés aux exercices pratiques.

Les dessins

Le serpent

Demandez à votre voisin de dessiner un serpent devant vous. Surtout, ne lui montrez pas le livre auparavant !

Le serpent dessiné par l'homme

1. Sexualité masculine normale, libido forte
2. Sexualité masculine moyenne
3. Sexualité masculine régressive, libido faible
4. Sexualité masculine étouffée, frustrée, autoérotisme
5. Sexualité masculine de l'introverti, tendances homosexuelles
6. Absence de sexualité. Le sujet ne s'intéresse pas à la question.

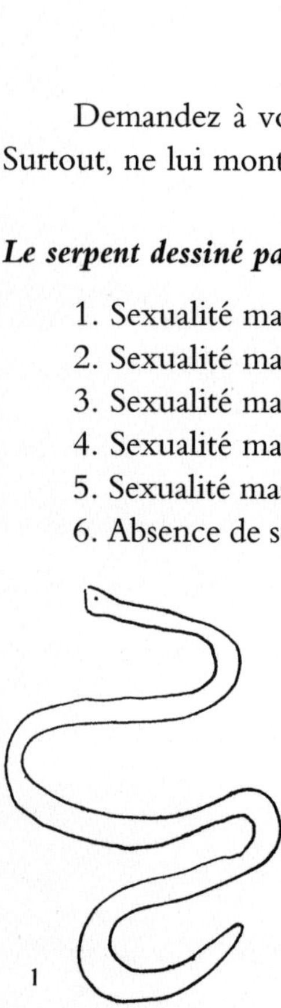

1

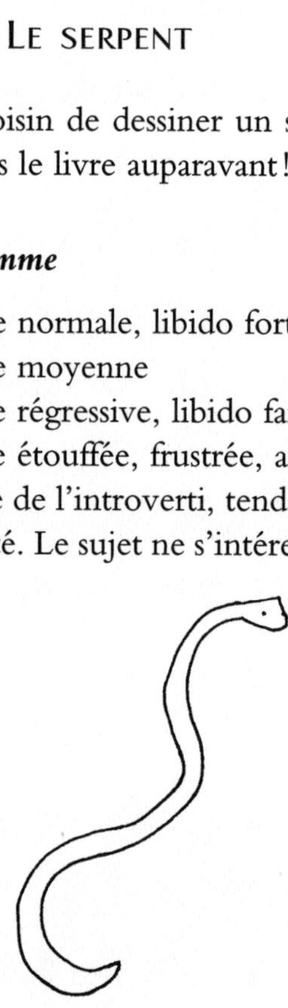

2

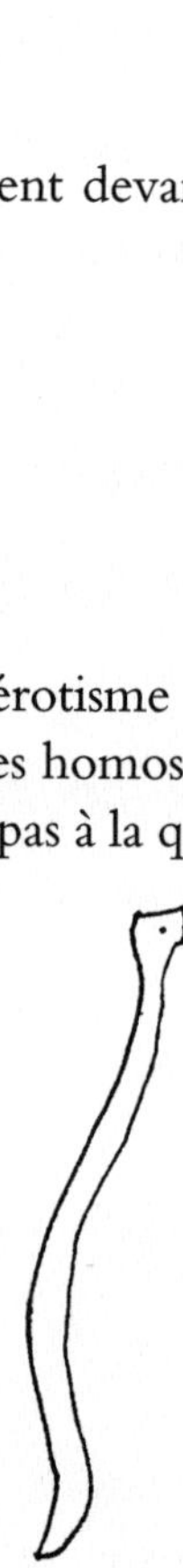

3

4

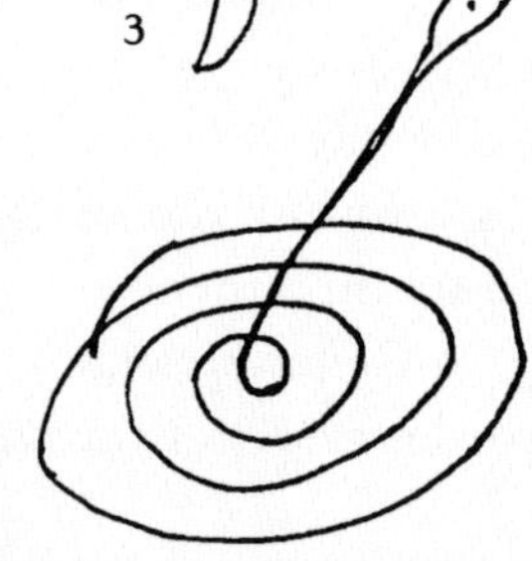

5

6

Le serpent dessiné par la femme

Les dessins sont moins variés dans l'ensemble.

1. Sexualité féminine normale, libido forte
2. Sexualité plutôt virile chez la femme
3. Absence d'intérêt pour la sexualité

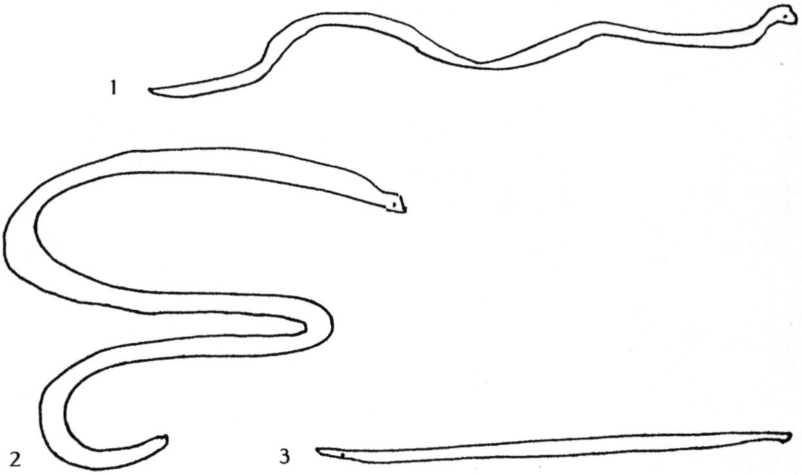

<u>*Remarque :*</u> sur mille serpents dessinés, il n'y en aura pas d'eux d'exactement semblables. Comme pour l'écriture, il s'agit de procéder par analogie. Il suffit que le dessin obtenu présente une similitude avec l'un de ceux proposés pour que vous puissiez vous référer à la définition qui lui correspond.

Le bonhomme

Admettons que le candidat à l'analyse se trouve en votre présence. Montrez-lui les trois symboles suivants en l'incitant à les utiliser, à l'exclusion de tout autre trait, pour confectionner un être humain. Il a le droit d'employer chaque figure autant de fois qu'il le désire. Sa figurine peut être nue ou habillée. La dimension des symboles est libre.

Voici les trois symboles à utiliser :

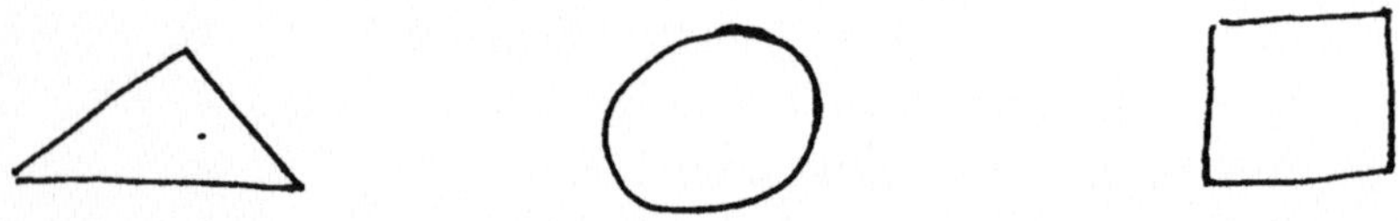

le triangle le cercle le carré

Exemple :

Les cercles l'emportent. La personne est essentiellement sentimentale et affectueuse. Elle possède également une grande créativité intellectuelle latente.

Significations :

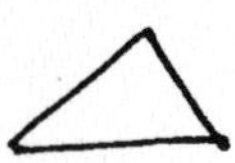

Le triangle représente la libido.

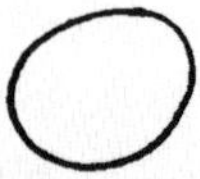

Le cercle la pensée, l'affectivité et les aptitudes intellectuelles.

Le carré le matérialisme, les capacités techniques et manuelles et les aptitudes commerciales.

Demandez à vos amis de faire des dessins et comptez les symboles prédominants. Votre synthèse de leur caractère les amusera et s'avérera assez juste.

Autres exemples :

Le sujet est très sensuel. La sexualité l'intéresse avant toute chose dans la vie.

La personne possède une certaine créativité technique et manuelle. Elle est assez matérialiste.

Le sujet est très équilibré et possède des dons dans tous les domaines. Sa libido est normale.

Bien que le sujet soit très affectueux, il s'intéresse peu à la sexualité en tant que telle. Il a des dons intellectuels, et également quelques aptitudes manuelles.

Répétons que l'interprétation de ces dessins est infiniment moins précise que l'analyse de l'écriture. Il s'agit d'un exercice récréatif et complémentaire.

Huitième leçon

Exercices pratiques

Il faut étudier un grand nombre d'écritures afin de progresser. Répétons qu'il est inutile d'examiner des pages entières écrites par une même personne. Quelques lignes, suivies de la signature et éventuellement accompagnées de l'enveloppe, suffisent.

Évitez de lire le contenu, qu'il soit écrit en français ou dans une autre langue européenne. Vous répondrez que les Allemands, les Anglais ou les Américains écrivent différemment des Français. C'est une illusion. En effet, prenez un Allemand, par exemple, il est probable qu'il soit pragmatique, ambitieux et ponctuel. Il existe cependant des Allemands fantasques et instables tout comme le sont certains Italiens. Ne vous laissez pas abuser par les caractéristiques d'un peuple ! La personnalité de chaque être humain est unique même si chacun partage des traits de caractère avec les autres.

L'ensemble des données graphologiques permet de procéder par analogie. Il est aussi difficile de contrefaire son graphisme que de peindre un tableau de Rembrandt et de le vendre sous le nom du peintre !

Par ailleurs, n'oubliez pas que l'écriture des génies est souvent excessive. Les qualités et les défauts de ces derniers transparaissent encore plus dans leurs œuvres que dans leur vie — et l'on sait qu'il est rarement facile de partager sa vie avec un grand artiste !

Nous vous présentons un nombre limité d'écritures de célébrités.

Les exercices de cette huitième leçon vous familiariseront avec notre méthode d'analyse rapide et immédiatement applicable.

N'oubliez pas, lorsque vous vous apprêtez à présenter aux intéressés le résultat de votre analyse, de toujours commencer par les qualités.

(Utilisez votre loupe et votre règle !)

Les célébrités

Puccini

Giacomo Puccini le compositeur de *La Bohème* entre autres.

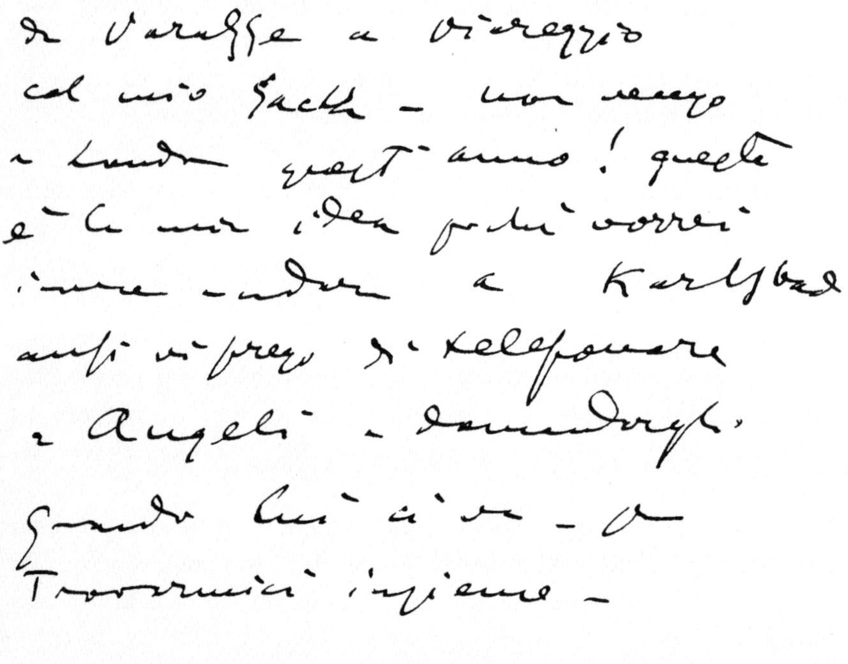

Son écriture est :

Petite et rapide : *vivacité d'esprit, intelligence, créativité intellectuelle.*

Filiforme : *diplomatie, habileté pour arriver à ses fins.*

Ronde et anguleuse : *affectivité et virilité équilibrées.*

Assez progressive : *dynamisme, ambitions artistiques.*

À la ligne de base très ondulée : *grande instabilité sentimentale.*

Liée : *attachement social.*

Très espacée : *indépendance, besoin de liberté.*

Le graphisme présente des jambages d'aspects variés : *libido fluctuante, infidélité.*

Il existe des guirlandes et des arcades : *convivialité, charme et autorité.*

L'aspect musical de l'ensemble est indéniable. Il est inutile de tracer le portrait global de Puccini. La création était le centre de sa vie tumultueuse.

* * *

Faulkner

Voici l'écriture de William Faulkner, l'auteur américain le plus connu du vingtième siècle.

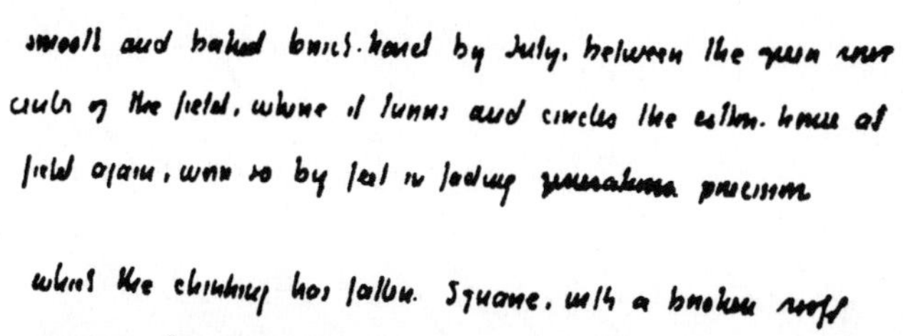

Son graphisme est :

Très petit : *intelligence, créativité intellectuelle, virilité, culture.*

Juxtaposé (haché) : *vivacité d'esprit, intuition, adaptation aux circonstances.*

Rapide : *esprit très vif, intelligence.*

Régulier, à la limite de la monotonie : *tendances névrotiques, angoisse, moments de dépression.*

Bien espacé : *raisonnement lucide, pragmatique.*

Aux jambages limités, à peine marqués : *libido peu marquée, voire absente. La sexualité n'est pas sa première préoccupation.*

Aux finales absentes : *égoïsme, avarice.*

Rond et anguleux : *mélange d'affectivité et de virilité.*

À la pression assez forte et régulière : *bonne santé physique.*

L'ensemble est clair et lisible : *raisonnement logique, clair, respect d'autrui.*

Portrait :

Malgré sa célébrité et son talent universellement reconnu, William Faulkner n'avait pas un caractère facile. Né dans une famille assez pauvre, l'auteur a gardé toute sa vie les séquelles de ses premières privations.

Prudent et parcimonieux, il faisait attention à ses biens qu'il ne dilapidait pas.

* * *

Mérimée

Prosper Mérimée, auteur français du XIXe siècle.

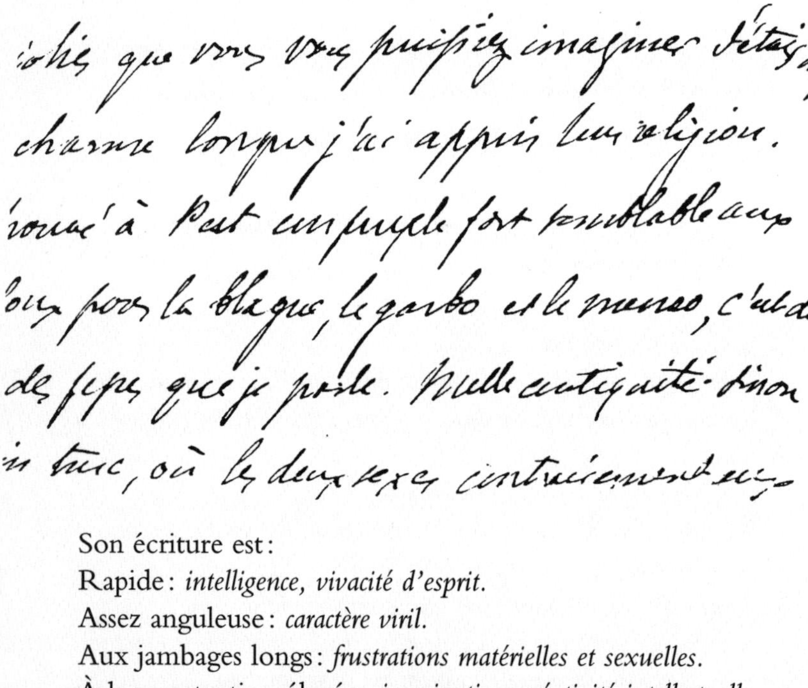

Son écriture est :
Rapide : *intelligence, vivacité d'esprit.*
Assez anguleuse : *caractère viril.*
Aux jambages longs : *frustrations matérielles et sexuelles.*
À la ponctuation élevée : *imagination, créativité intellectuelle.*
Liée et juxtaposée : *sujet sociable, bonne intuition.*
À la ligne de base très ondulée : *instabilité sentimentale.*

Aux espaces entre les mots très réduits : *attachement abusif à l'entourage.*

Aux finales absentes : *égoïsme, avarice, égocentrisme.*

Avec quelques crochets et enroulements : *avidité.*

À la pression de la plume assez régulière : *santé satisfaisante.*

L'ensemble est lisible : *pragmatisme, logique, un certain respect d'autrui.*

Répétons que dans ces mini-analyses, nous indiquons ce qui saute aux yeux au premier abord. C'est essentiel pour progresser vite et affiner sa vision d'un graphisme.

<u>Portrait :</u>

Prosper Mérimée était un homme très habile qui savait profiter de ses relations. Son imagination était fertile et il n'avait pas de scrupules à user de plagiats. Il souffrait de frustrations matérielles et sexuelles. Avide et égoïste, il n'avait pas un caractère facile.

* * *

Capote

Truman Capote, écrivain contemporain américain, est né à La Nouvelle-Orléans, dans le Sud, et est mort en 1984, à Los Angeles.

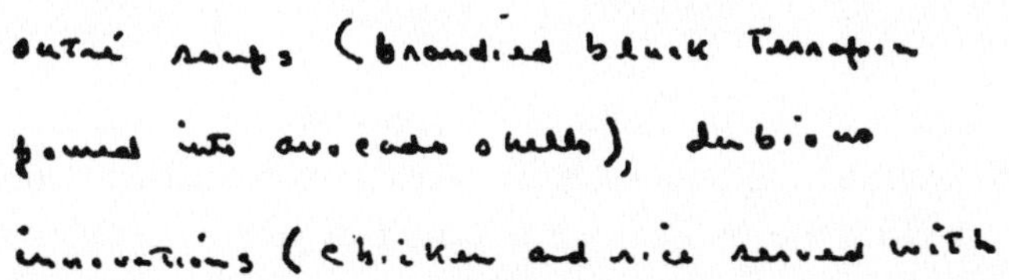

Son graphisme est : (selon l'ensemble, vos appréciations seront nuancées)

Très petit : *intelligence supérieure, grande créativité intellectuelle, avarice.*

Rond aux voyelles remplies d'encre : *fantasmes de débauche et de pédophilie.*

Juxtaposé : *intuition, vivacité d'esprit, adaptation aux circonstances.*

Rapide : *intelligence, vivacité d'esprit et d'action.*

Bien espacé : *logique, indépendance, pragmatisme, sens de l'ordre.*

Peu lisible : *diplomatie aiguë, capacité de mentir.*

Aux jambages tordus (utilisez votre loupe !) : *tendances homosexuelles.*

À la ponctuation élevée : *imagination, créativité intellectuelle.*

À la ligne de base rigide et droite : *absence de concessions, ordre.*

Absence de finales : *égoïsme, avarice.*

Les « t » barrés en arcades au-dessus : *tendances autoritaires.*

Aux formes de lettres souvent discordantes (confuses) : *diplomatie, mensonge, dissimulation.*

Inclinaison très légèrement régressive : *égocentrisme, fiabilité réduite.*

Portrait :

Le célèbre Truman Capote était homosexuel et ne le cachait pas (il a même fait de la prison à la suite de ses frasques sexuelles). Son écriture révèle son habileté à profiter de son entourage et sa grande créativité littéraire. Il souffrait de problèmes anciens mal surmontés qui le rendaient égocentrique, obstiné et peu fiable. Il savait mentir, lorsqu'il le jugeait nécessaire.

⋆ ⋆ ⋆

Exercices variés

Ces exercices aident à affiner les appréciations immédiates que suscite une écriture. Quelques lignes écrites spontanément suffisent, peu importe la langue utilisée puisqu'il ne faut jamais lire le contenu. Évitez d'examiner des poésies, d'une part parce qu'elles sont élaborées lentement, d'autre part parce qu'elles sont ensuite fréquemment reproduites par le sujet. Cela crée un certain automatisme de la main, et donc de l'écriture, propre à effacer les caractéristiques de la personnalité. Il faut également éviter d'analyser des textes écrits au crayon de couleur ou à papier. Limitez-vous aux textes rédigés à la plume ou au stylo à bille. Vous vous attaquerez ultérieurement au feutre tout en sachant que ce dernier laisse peu transparaître l'état de santé physique du sujet.

Il est bien entendu toujours préférable de disposer de la signature, au bas de la page ou des cinq ou six lignes, de même que de l'enveloppe de la lettre que vous ont adressée vos amis qui souhaitent être analysés par vous bien qu'ils n'ignorent pas que vous ne faites pas encore autorité en la matière.

Le spécimen suivant appartient à un homme de trente-cinq ans qui travaille dans l'édition.

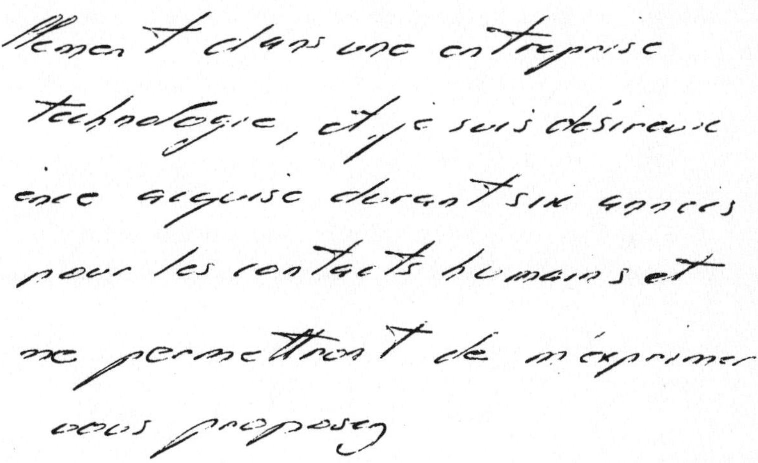

Écriture :

Rapide et progressive : *intelligence, esprit vif, ambitions.*

Claire et lisible : *sens de l'organisation, respect d'autrui, pragmatisme.*

À la ligne de base assez droite : *capacité d'assumer ses responsabilités.*

Juxtaposée : *intuition.*

Aux « t » en lassos : *persévérance, obstination.*

Aux « m » en arcades : *capacité de manipuler autrui dans son sens.*

À la ponctuation élevée : *imagination, créativité intellectuelle.*

Bien espacée : *esprit clair, indépendance.*

Aux jambages à boucles ouvertes et au tracé souvent couvrant : *sexualité peu satisfaisante, fidélité réduite (jambages variés).*

À la pression du stylo très légère : *santé fragile.*

Aspect bâtonné : *tendances cruelles.*

Aux finales limitées ou absentes : *égoïsme, égocentrisme, avarice.*

Remarque : selon l'ensemble, les appréciations peuvent varier légèrement. À vous de faire la synthèse à la fin, comme ici, dans les portraits réduits.

Portrait :

Il est très intelligent, dynamique et créatif. Il sait ce qu'il veut et ne se laisse ni influencer ni détourner de ses buts. Très persévérant et obstiné, il est capable de manipuler ses meilleurs amis, afin d'arriver à ses fins. Dans la vie privée, il lui arrive de se montrer égoïste et cruel. C'est toujours «moi d'abord!» Il ne fait pas de concessions.

Malgré ses dons intellectuels et son intuition, il n'est pas facile de travailler ou de vivre avec lui!

★ ★ ★

L'écriture suivante est celle d'un homme de cinquante-cinq ans, réalisateur de films.

Il est anglais, mais son graphisme pourrait être celui d'un Italien ou d'un Français. Cela prouve que la personnalité prédomine.

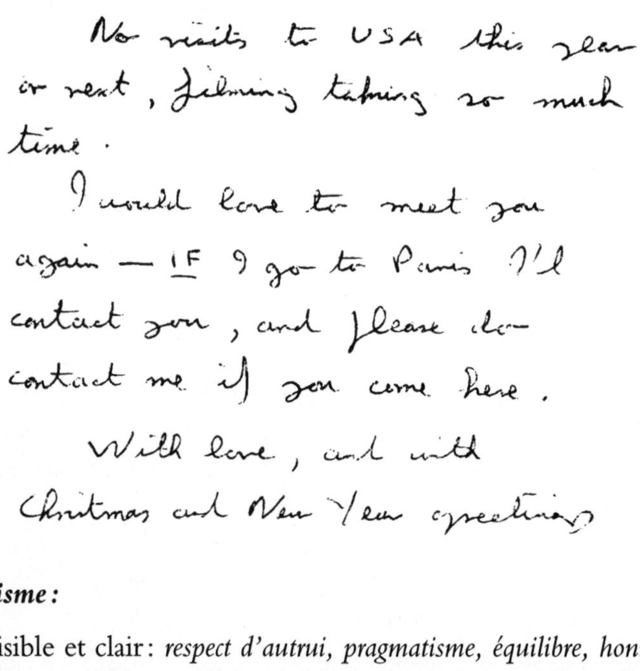

No visits to USA this year or next, filming taking so much time.

I would love to meet you again — IF I go to Paris I'll contact you, and please do contact me if you come here.

With love, and with Christmas and New Year greetings

Graphisme :

Lisible et clair : *respect d'autrui, pragmatisme, équilibre, honnêteté.*
Petit et rapide : *intelligence, créativité artistique, intellectuelle.*
Aux jambages ouverts : *sexualité peu satisfaisante, ambivalence.*
À l'inclinaison régulière et assez droite : *bonne concentration.*
Lié : *sociabilité, attachement familial.*
Plutôt rond : *affectivité légèrement ambivalente.*

Bien espacé : *bon équilibre psychique.*

Aux finales limitées, parfois massuées ou pointues (prenez votre loupe) : *capacité de sauvegarder sa liberté en repoussant les intrus.*

La ligne de base est légèrement ondulée : *intelligence, équilibre.*

La pression est normale, régulière : *bonne santé.*

La ponctuation est haute : *imagination.*

Portrait :

Le sujet est très intelligent et créatif. Il sait repousser les importuns avec une certaine violence. Sa libido est ambivalente (continuez le portrait vous-même !)

* * *

Femme de trente-six ans. Elle a créé sa propre société de personnel intérimaire.

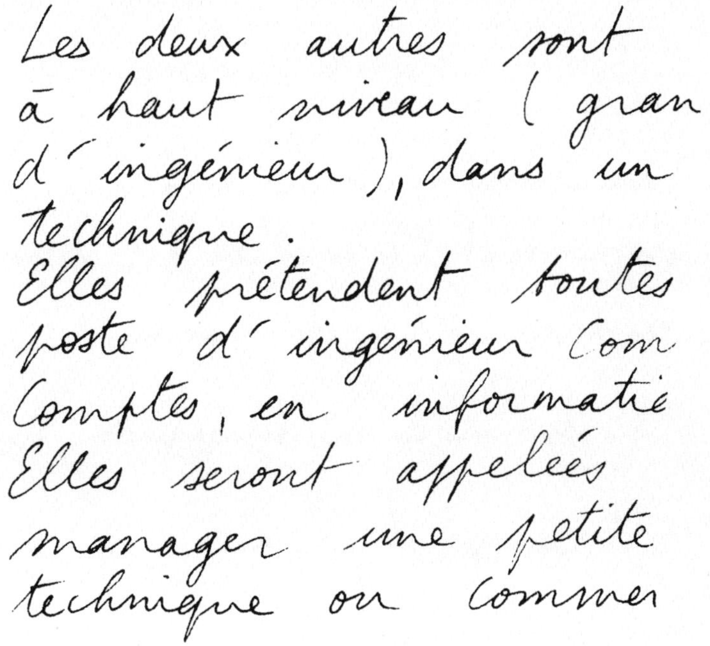

Écriture :

Assez grande et claire : *respect d'autrui, fiabilité, équilibre.*

Bien espacée : *pragmatisme, joie de vivre.*

Ronde et angulaire : *équilibre affectif.*
À la pression assez forte et régulière : *bonne santé.*
À l'inclinaison progressive : *dynamisme, ambition, motivation.*
Aux entames longues et droites : *esprit analytique et déductif.*
Aux voyelles enroulées : *dons pour le commerce, diplomatie.*
Aux hampes assez élevées : *buts professionnels élevés, idéalisme.*
Liée : *sociabilité, attachement à la famille et aux amis.*

Portrait :

Le sujet est très intelligent et doué pour les affaires. Son esprit est analytique et déductif. Il a des buts élevés qu'il doit pouvoir atteindre. Son caractère est fiable et agréable. Il est facile de travailler et de vivre avec cette personne.

* * *

Voici un spécimen émanant d'une enseignante de quarante-quatre ans.

Sa signature est lisible et semblable à son graphisme.

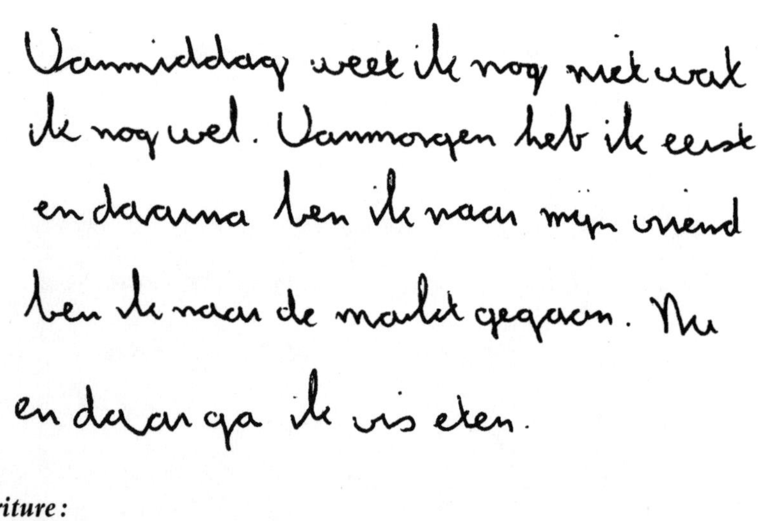

Écriture :

Très claire et lisible : *respect d'autrui, sens de l'organisation.*
Bien espacée : *bon équilibre psychique.*
Liée : *sociabilité, attachement à la famille et aux amis.*
Aux jambages à peine marqués : *intérêt pour la sexualité absent.*

Ronde : *affectivité prononcée, voire infantile.*

À la ponctuation élevée : *imagination.*

Aux finales limitées, voire absentes : *égoïsme excessif.*

À la pression forte et régulière : *bonne santé.*

Inclinaison régressive (les lettres penchent à gauche) : *obstination, capacité de concentration, égocentrisme.*

Assez lente : *manque de maturité.*

À la ligne de base légèrement ondulée : *raisonnement logique, équilibre.*

Aux hampes élevées : *buts idéalistes, mysticisme.*

Portrait :

La personne est équilibrée et en bonne santé. Elle semble avoir bien choisi son métier, car son grand besoin d'affectivité et sa sociabilité la rendent apte à l'éducation des enfants. Elle sait se concentrer et son caractère est resté très juvénile. Ses buts sont élevés, voire idéalistes. En revanche, il n'est pas facile de partager sa vie ; elle est très égoïste et n'éprouve aucun attrait pour la sexualité. La personnalité est contradictoire.

* * *

Jeune femme de vingt-cinq ans qui ne peut ni travailler ni étudier. Elle est en psychothérapie depuis de longues années.

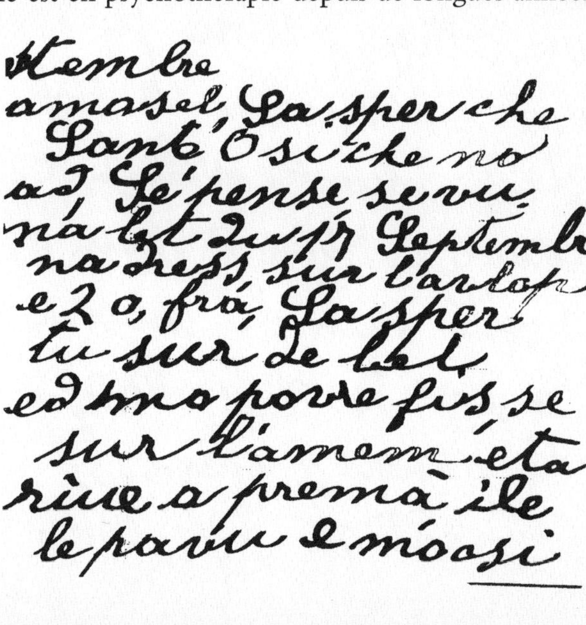

Graphisme :

Très confus, malgré l'apparence : *esprit confus, absence de raisonnement.*
À la pression extrêmement irrégulière : *santé fragile.*
Absence d'espaces : *attachement excessif à l'entourage.*
À l'inclinaison légèrement progressive : *recherche de plaisirs.*
Très rond : *affectivité excessive et infantile.*
Aux fioritures multiples : *mensonge, dissimulation.*
Aux enchevêtrements : *manque de logique, confusion de sentiments et d'esprit.*

Remarque : lorsque vous avez visiblement affaire à un malade, vous pouvez lire le contenu. En général, comme c'est le cas ici, ces sujets mélangent toutes sortes de langues et parfois d'alphabets.

Vous pouvez faire vous-même le portrait de cette schizophrène gravement atteinte.

* * *

Nous allons examiner plusieurs spécimens d'écriture venant de personnes de nationalités variées pour apprendre à reconnaître au premier coup d'œil le graphisme d'un malade mental.

Le graphisme suivant est celui d'une femme de quarante ans. Elle est psychotique et alcoolique.

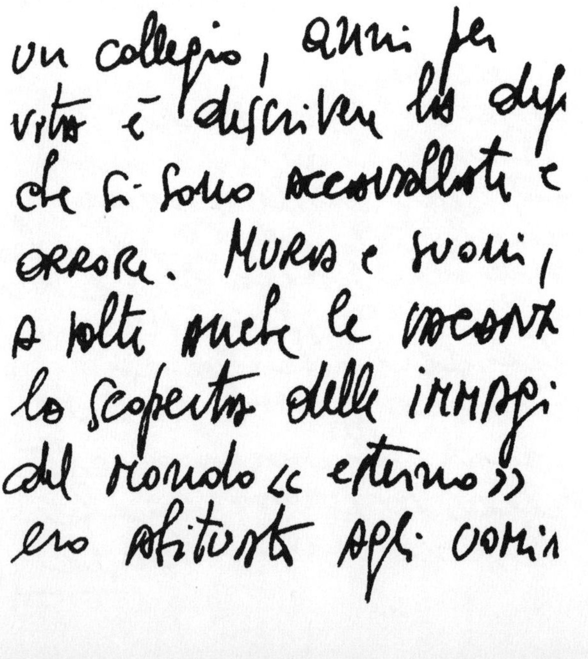

Spécificités :

Ligne de base très ondulée : *instabilité mentale.*
Majuscules au milieu des mots : *santé psychique précaire.*
Forme très ronde : *besoin excessif d'affectivité, régression infantile.*
Pression assez forte : *le sujet cherche à s'affirmer, il nie l'évidence.*
Tracé couvrant : *angoisse, dissimulation, mensonge. Le sujet fabule.*
Lettres de formes variées, discordance : *humeur instable, mensonge.*
Enroulements : *égocentrisme, diplomatie aiguë, mensonge, égoïsme.*
Enchevêtrements : *manque de logique et de respect pour autrui, confusion d'esprit.*
Crochets : *avidité.*
Ponctuation lourde et variée : *santé mentale fluctuante, maladie.*
Inclinaison légèrement progressive : *le sujet cherche à guérir.*
Mélange d'italien et de français : *confusion d'esprit.*

Portrait :

Faites le portrait vous-même ! Notez la fréquence de majuscules au milieu des mots ; c'est un signe de maladie mentale facile à détecter. Le sujet en question est gravement atteint. Le pronostic est sombre.

* * *

Un autre signe de dysfonctionnement mental est le soulignement abusif, d'une part, et l'inclinaison trop forte en montée des lignes, d'autre part. L'écriture suivante provient d'une grande psychotique de cinquante ans.

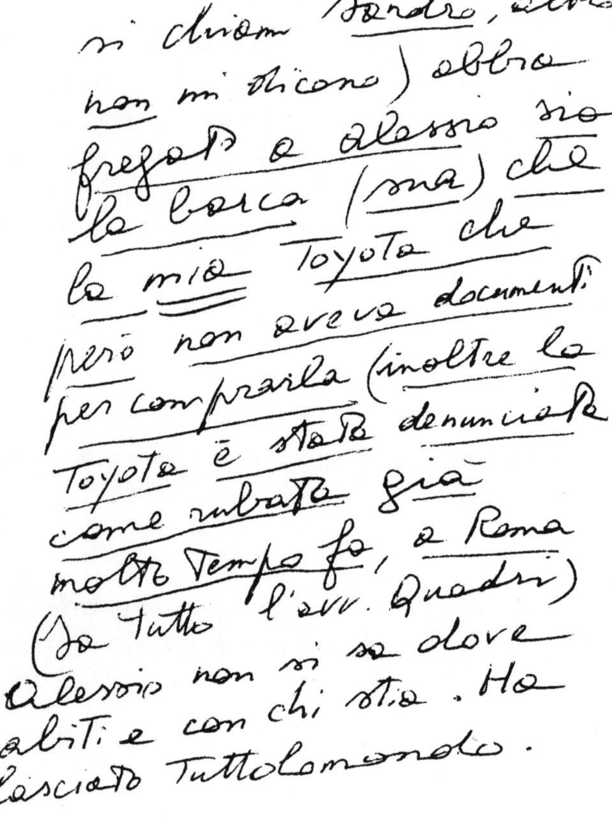
si chiama Sandro, altro
non mi dicono) abbia
fregato a Alessio sia
la barca (sua) che
la mia Toyota che
però non aveva documenti
per comprarla (inoltre la
Toyota è stata denunciata
come rubata già
molto tempo fa, a Roma
(so tutto l'avv. Quadri)
Alessio non si sa dove
abiti e con chi stia. Ha
lasciato Tuttolomondo.

Graphisme :

Rapide et lisible : *intelligence, esprit vif, compréhension rapide.*
Discordant : *mépris d'autrui, mensonge, diplomatie aiguë.*
Petit et rond : *intelligence, vivacité, affectivité prononcée.*
À arcades : *capacité de manipuler autrui, sujet autoritaire.*
Très enroulé : *avidité, égocentrisme, égoïsme.*
Aux finales effilées en pointe : *agressivité cachée, pulsions destructrices.*
Lié : *sociabilité, attachement à la famille et aux amis.*
Aux tracés et aux jambages tordus : *souffrance intime sur tous les plans.*

<u>*Portrait :*</u>

Le sujet est maniaco-dépressif. D'un état volubile et apparemment heureux, il peut plonger sans raison dans la dépression et l'apathie. C'est d'autant plus triste, que la personne en question est très intelligente et possède une certaine créativité intellectuelle. Ses pulsions destructrices peuvent malheureusement être dangereuses pour elle-même et pour autrui.

* * *

L'écriture suivante est celle d'un ingénieur de quarante ans.

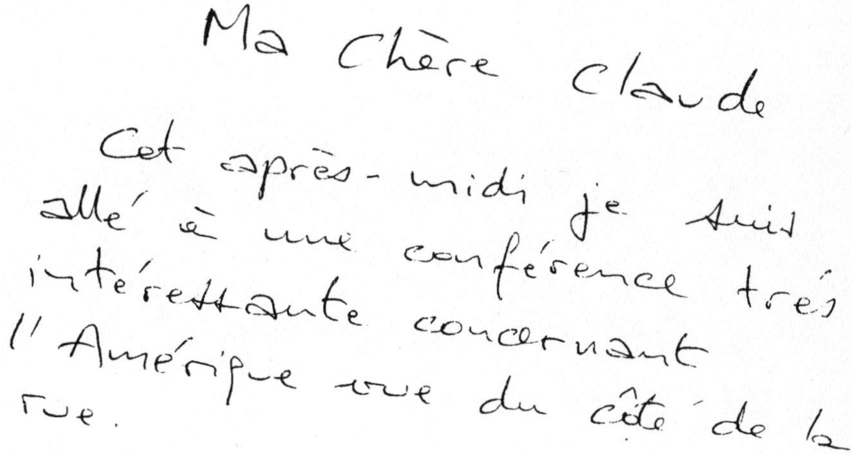

Écriture :

Assez petite et rapide : *intelligence, esprit vif, bonne culture.*

Claire et lisible : *bonne éducation, respect d'autrui, logique.*

Aux « s » noués : *jalousie, sujet souvent possessif.*

À la pression assez légère : *santé fragile.*

Liée et juxtaposée : *sociabilité, bonne intuition.*

Assez droite : *capacité de réflexion et de concentration.*

Aux lignes descendantes : *manque de joie de vivre, dépression chronique.*

Aux lettres rondes et ovalisées : *ambivalence sexuelle, affectivité.*

Aux finales parfois acérées (terminées en pointes) : *pulsions destructrices.*

Espaces larges entre les lignes et les mots : *besoin de liberté.*

Portrait :

Le sujet est cultivé et intelligent. Son esprit est vif. Il comprend tout au quart de tour. Il est sociable et possède une certaine intuition. Il a besoin de beaucoup de liberté, mais souffre souvent de solitude sentimentale. Sa libido est ambivalente. Il est bisexuel et assez jaloux et possessif.

De santé fragile, le sujet est dépressif.

★ ★ ★

Le graphisme suivant provient de la main d'un homme de quarante-deux ans qui dirige un petit restaurant.

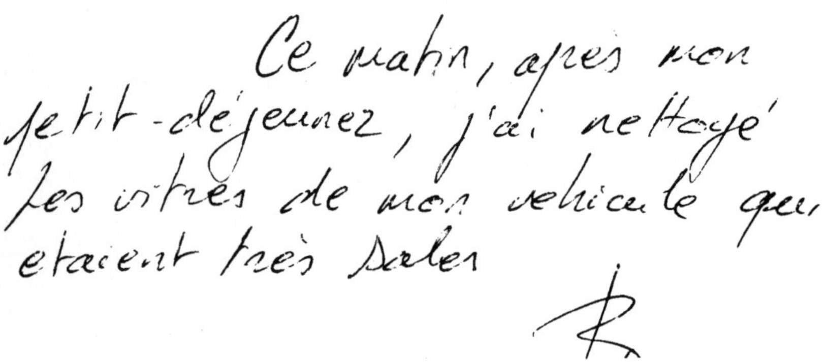

Graphisme :

Clair et lisible : *respect d'autrui, esprit clair et logique.*
Lié et juxtaposé : *sociabilité, bonne intuition.*
À la ligne de base légèrement ondulée : *bon équilibre psychique.*
Bien espacé : *dispositions heureuses. Le sujet se sent bien.*
À la pression normale à forte : *bonne santé.*
Rond et angulaire : *affectivité et virilité équilibrées.*
Aux jambages assez longs et bien formés : *libido forte.*
Aux finales limitées : *égoïsme.*
À l'inclinaison progressive : *ambitions, motivation pour le travail choisi.*

Remarque : les appréciations peuvent varier quelque peu selon l'ensemble.

<u>Portrait :</u>

L'écriture et le caractère du sujet sont assez positifs. Les défauts sont limités, à part le fait que l'homme dont il est question est plutôt égoïste ; c'est toujours « moi d'abord ! » Sinon il semble avoir bien choisi son métier. Quelques petits crochets et guirlandes festonnées illustrent ses capacités commerciales. Il sait plaire et séduire par son charme en affaires. Il aime les résultats pratiques, immédiats. Ce n'est pas un intellectuel !

* * *

Étudiant en gestion, vingt-quatre ans.

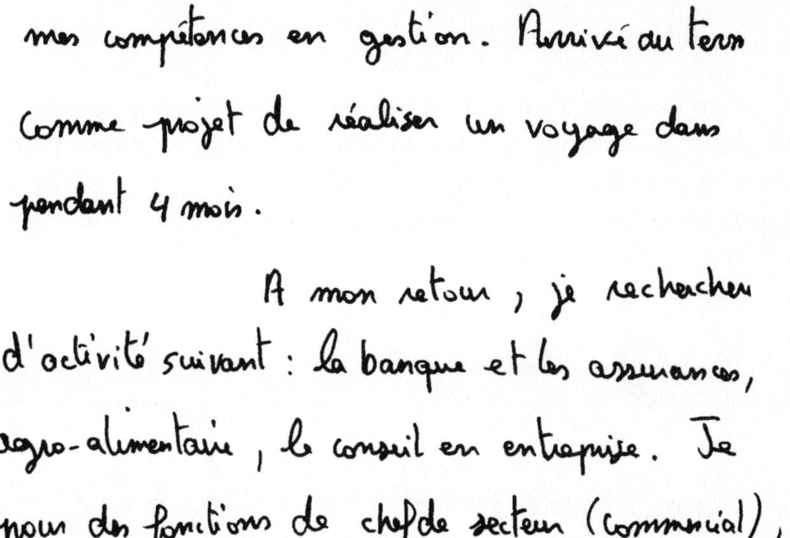

Écriture :

Claire et lisible : *respect d'autrui, logique, esprit cartésien.*

Assez petite et rapide : *virilité intellectuelle, intelligence.*

Essentiellement liée : *sociabilité, attachement à la famille et aux amis.*

Bien espacée : *clarté d'esprit, bon équilibre.*

À la ligne de base légèrement ondulée : *intelligence, équilibre psychique.*

Plutôt ronde : *besoin d'affection.*

Aux finales limitées : *égoïsme, avarice.*

Resserrée et droite (sans inclinaison) : *capacité de concentration, discrétion, sens de l'économie.*

Enroulement fréquent des voyelles : *égoïsme, capacités commerciales.*

Jambages limités : *sexualité réduite, libido peu marquée.*

Portrait :

Le sujet est intelligent. Il comprend tout au quart de tour, et sait, cependant, se concentrer. La gestion d'entreprise doit lui convenir. Il est équilibré psychiquement, et en bonne santé.

Très discret, il ne se laisse pas influencer, ni détourner de ses buts. Dans la vie privée il peut se montrer inhibé et égoïste, voire avare. Le sujet est plus affectueux que porté sur la sexualité.

* * *

Vous possédez à présent les bases pour mener à bien une analyse globale. Quelques lignes d'écriture doivent vous suffire pour vous faire une idée du caractère de votre interlocuteur. Les exercices suivants sont plus courts et vont vous préparer aux tests des derniers chapitres.

Graphisme d'un homme d'affaires de quarante-cinq ans.

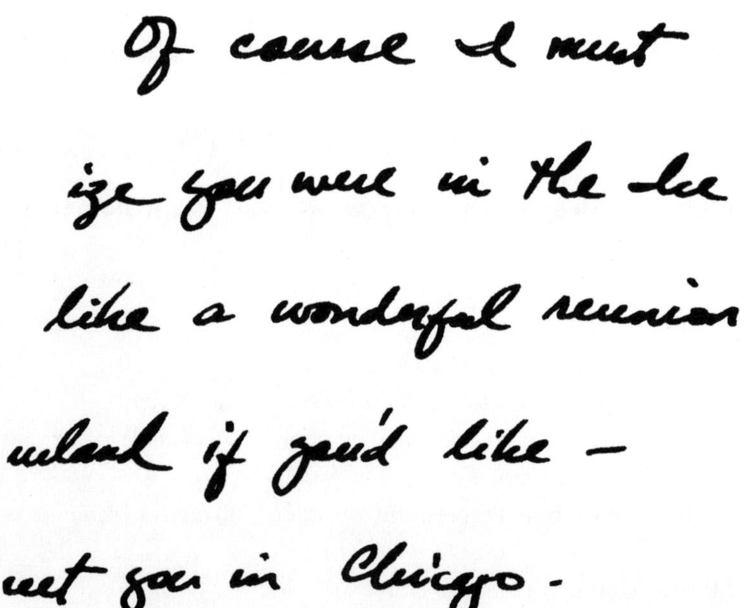

Le sujet est dynamique et travailleur (écriture progressive, claire, à la ligne de base assez droite). Il sait respecter ses collaborateurs. Il aime plaire et séduire en affaires, comme dans sa vie privée (ensemble rond, très lié, aux voyelles enroulées, parfois tracées à l'envers). L'homme est sociable et très diplomate, capable de dissimuler et de mentir lorsque c'est nécessaire (regardez le « o » de *wonderful,* qui est à l'envers, de même que le tracé souvent boueux; ce genre de tracé indique également les fantasmes de débauche).

Sa libido est forte, comme le montrent les jambages amples et longs.

⋆⋆⋆

L'exemple suivant appartient à une femme de cinquante ans qui est journaliste.

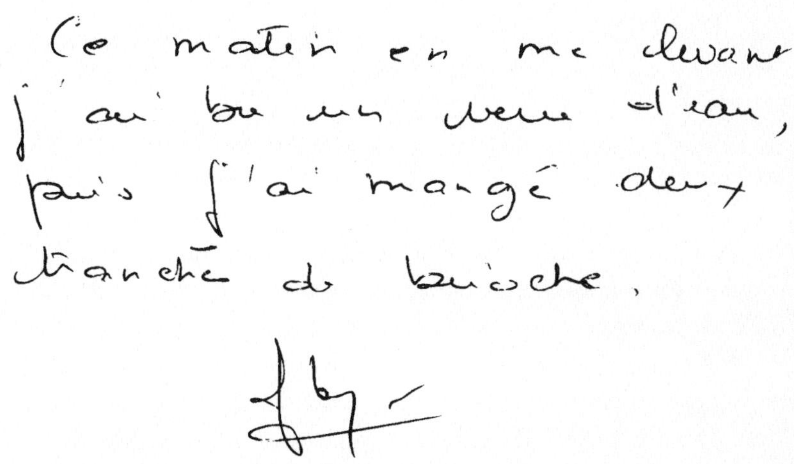

Elle est très intelligente et a un esprit vif (l'écriture est petite et rapide). Intérieurement le sujet peut se montrer impatient et nerveux (la pression est faible et les lettres sont souvent suspendues à la fin du mot; cela indique également l'impatience et la susceptibilité). La personne a besoin de beaucoup de liberté et d'indépendance pour pouvoir bien travailler. Il lui arrive cependant de souffrir de solitude intellectuelle (les larges espaces entre les mots en témoignent).

Le sujet a le sens de l'humour (regardez les entames des mots en coupe ouverte!)

Dans l'ensemble l'écriture est assez positive. Le sujet est plus intellectuel que manuel et semble avoir bien choisi son métier.

* * *

L'homme dont l'écriture suit a cinquante ans et travaille dans une agence de voyage.

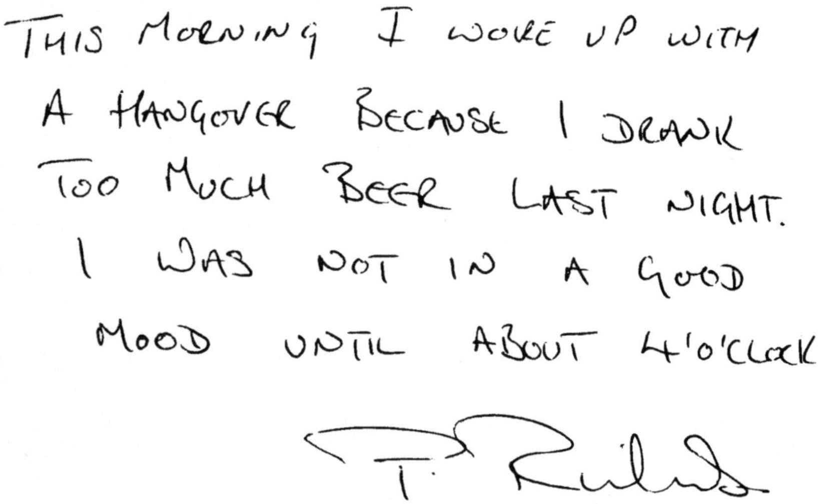
THIS MORNING I WOKE UP WITH A HANGOVER BECAUSE I DRANK TOO MUCH BEER LAST NIGHT. I WAS NOT IN A GOOD MOOD UNTIL ABOUT 4'O'CLOCK.

Le sujet est assez habile et diplomate ; il sait mentir quand c'est nécessaire (inclinaison variable et signature très différente de l'écriture de la missive).

Il est plus doué pour un travail manuel que pour une activité intellectuelle (l'écriture est très lente, assez gauche et tout en majuscules). Sa santé physique est bonne (pression forte et régulière).

En revanche, il existe de nombreux problèmes anciens mal surmontés qui le font souffrir (tracé assez régressif dans l'ensemble). L'homme a besoin de beaucoup d'affection, plus que de sexualité (forme ronde, jambages peu marqués).

Le sujet a effectivement eu une enfance difficile, sans amour. Il a été battu tous les jours.

* * *

Neuvième leçon

Première série de tests

Vous possédez à présent les notions élémentaires qui permettent d'apprécier le caractère d'une personne à partir de son écriture, et cela même si vous ne disposez que de quelques mots jetés à la hâte sur un papier. Il est de toute manière inutile d'analyser plusieurs pages d'écriture d'un même sujet, à moins qu'il ne s'agisse de missives espacées sur plusieurs mois ou années.

L'idéal, pour une analyse rapide, est une carte postale. Là, vous êtes certain que l'écriture est spontanée. C'est une des raisons pour lesquelles il faut absolument éviter de vouloir analyser une poésie écrite par le sujet comme vous le savez.

Redisons que la langue dans laquelle la personne écrit n'a aucune importance, du moment que c'est celle dans laquelle elle s'exprime habituellement.

Les tests qui suivent sont amusants à faire et la lecture attentive des résultats vous aidera à progresser sans peine. Au début, n'hésitez pas à tricher ! Comment ? En recherchant un spécimen d'écriture similaire dans les leçons précédentes. Ce n'est jamais inutile, car toute notre nouvelle théorie est fondée sur l'analogie.

Vous remarquerez que vos amis adorent, en général, être analysés par vous, même si vous leur dites que vous n'êtes qu'un amateur débutant !

Annoncez vos découvertes en prenant soin de toujours commencer par les caractéristiques positives ! Si, par exemple, vous dites à une personne qu'elle est très intelligente, vous verrez qu'elle sera si contente qu'elle écoutera à peine la suite, qui sera peut-être bien plus négative !

Mettez une croix dans le carré choisi !

1. Femme, trente-sept ans

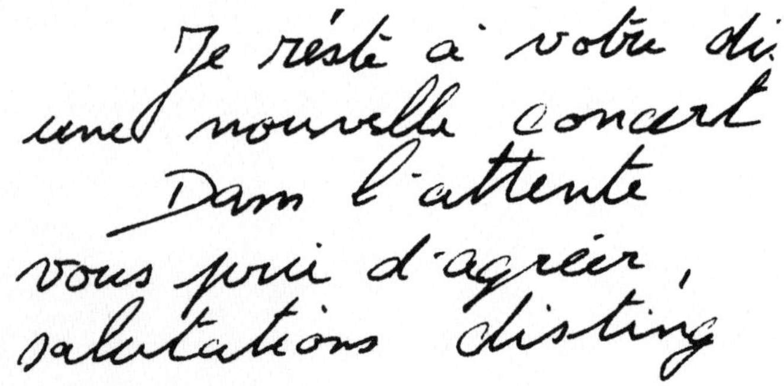

a) ❑ dynamique, ambitieuse
b) ❑ inhibée, paresseuse
c) ❑ peu fiable, méchante

* * *

2. Homme, quarante-huit ans

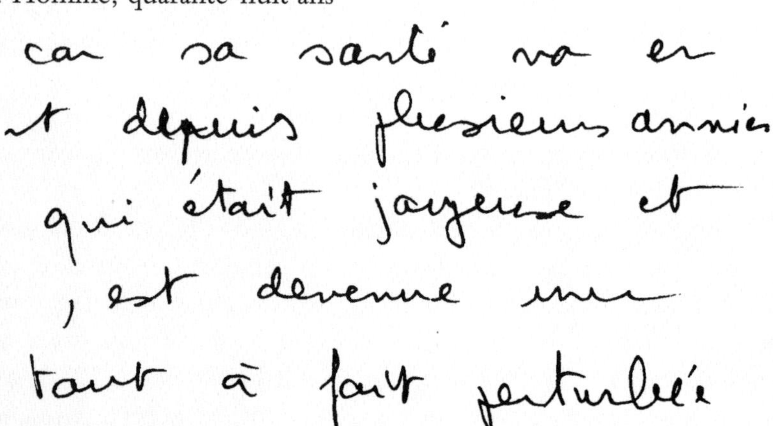

a) ❑ détendu et joyeux
b) ❑ instable et malade
c) ❑ angoissé, susceptible, animé de pulsions destructrices

* * *

3. Homme, trente-sept ans

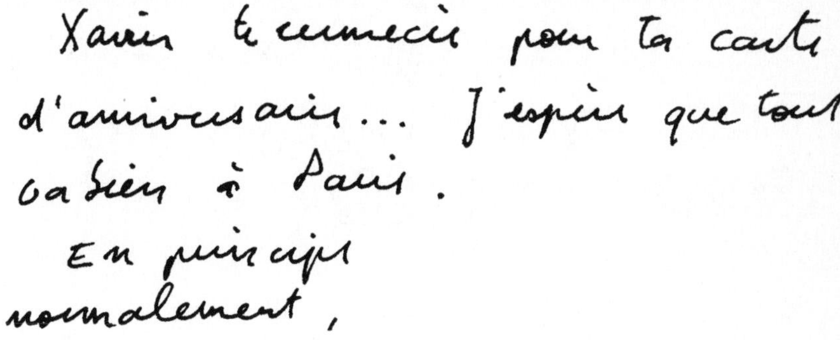

a) ❑ honnête
b) ❑ diplomate, habile
c) ❑ crédule et naïf

* * *

4. Femme, cinquante ans

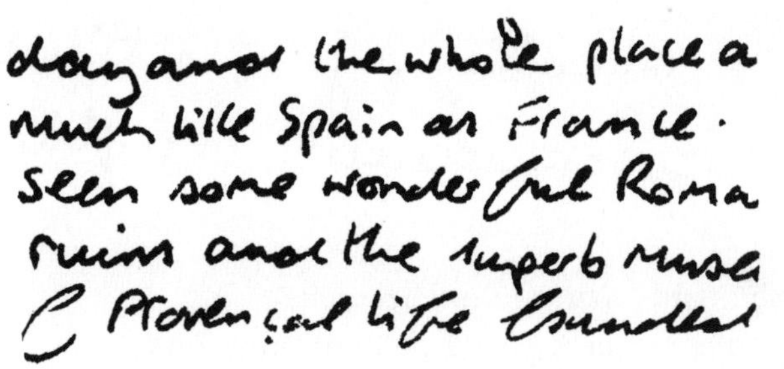

a) ❑ très affectueuse
b) ❑ virile et dure
c) ❑ froide et méchante

* * *

5. Homme, cinquante-deux ans

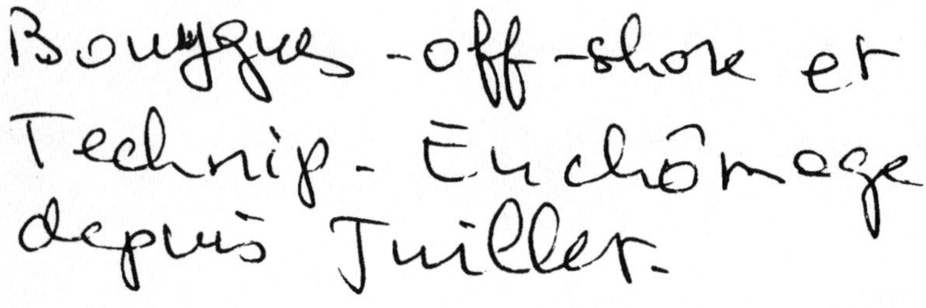

a) ❑ très intelligent, créatif
b) ❑ doué d'une créativité plutôt manuelle
c) ❑ peu actif et paresseux

* * *

6. Femme, vingt-huit ans

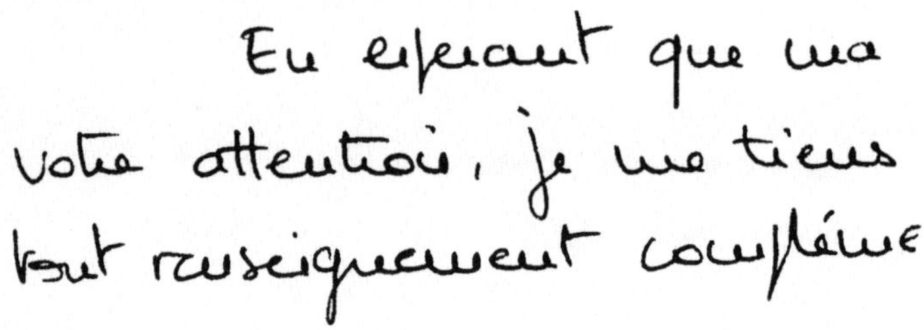

a) ❑ d'une grande maturité intellectuelle
b) ❑ ayant une bonne capacité de concentration
c) ❑ dynamique, ambitieuse

* * *

7. Femme, quarante-quatre ans

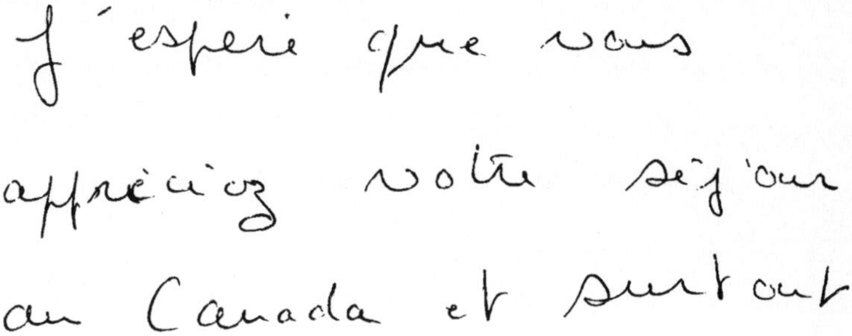

a) ❑ de santé robuste
b) ❑ psychologiquement fragile
c) ❑ de santé fragile sur tous les plans

* * *

8. Homme, vingt-cinq ans

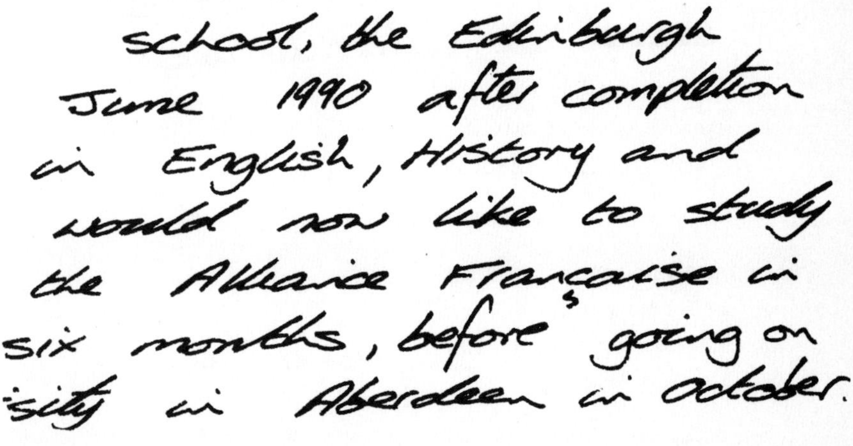

Il a :
a) ❑ une libido forte
b) ❑ une absence d'intérêt sexuel
c) ❑ une sexualité peu satisfaisante

* * *

9. Homme, cinquante-deux ans

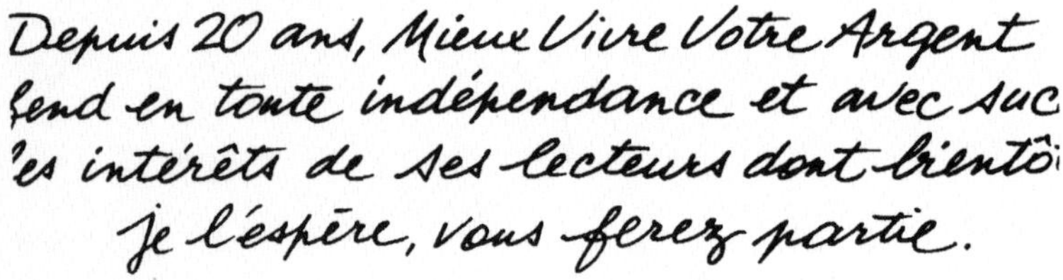

a) ❑ dynamique, viril, intelligent
b) ❑ indolent, ambivalent, voire homosexuel
c) ❑ peu fiable, stupide

★ ★ ★

10. Femme, trente-neuf ans

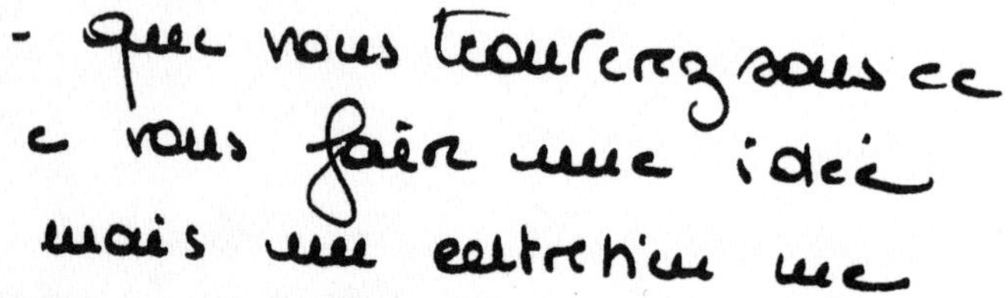

a) ❑ créative intellectuellement
b) ❑ dépourvue de créativité
c) ❑ créative manuellement

★ ★ ★

11. Femme, quarante-huit ans

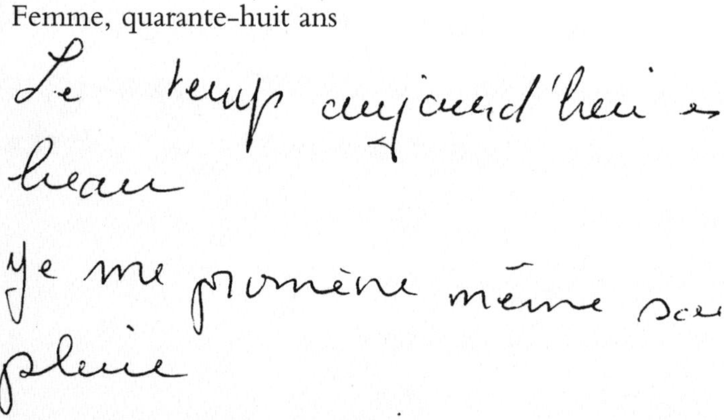

a) ❑ de santé précaire, très instable
b) ❑ de santé robuste, dynamique
c) ❑ stupide, indolente

★ ★ ★

12. Homme, quarante et un ans

Je me suis levé bien plus tôt
que d'habitude. J'avais trop

a) ❑ intellectuellement capable
b) ❑ ayant des dons manuels, du dynamisme, motivé
c) ❑ indolent, paresseux

★ ★ ★

13. Femme, quarante-trois ans

Questa mattina sono
stata a visitare diverse
editrici americane, ma
hanno combinato molto

a) ❑ d'intelligence et de maturité supérieures
b) ❑ aux dons intellectuels limités
c) ❑ ayant des capacités manuelles

★ ★ ★

14. Femme, quarante-quatre ans

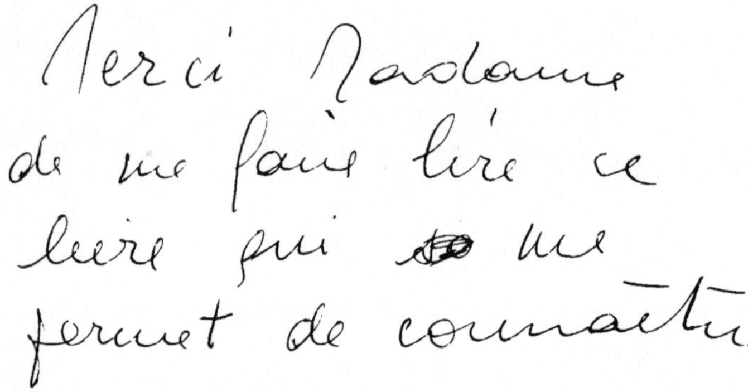

a) ❑ sujet robuste et travailleur
b) ❑ sujet fragile, instable et peu fiable
c) ❑ sujet agressif et méchant

* * *

15. Homme, cinquante-huit ans

a) ❑ manquant de maturité
b) ❑ ayant des dons manuels
c) ❑ doué d'une habileté commerciale et de diplomatie

* * *

16. Homme, soixante-trois ans

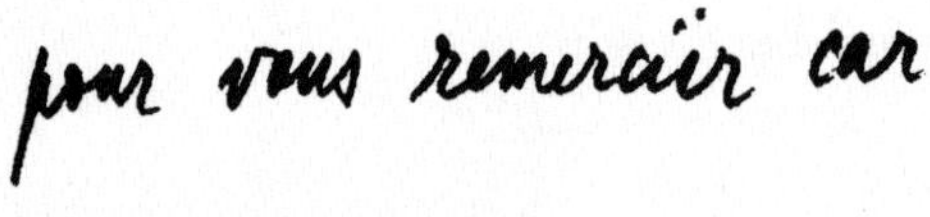

a) ❑ plein de joie de vivre, équilibré
b) ❑ frustré sur tous les plans
c) ❑ ayant des fantasmes de débauche et de pédophilie

* * *

17. Femme, cinquante-quatre ans

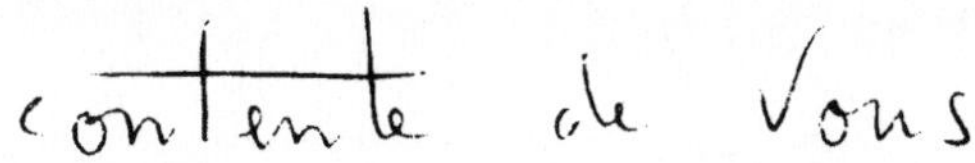

a) ❑ aimable et sociable
b) ❑ d'humeur stable, qui contrôle ses émotions
c) ❑ colérique

★ ★ ★

18. Jeune fille, vingt-deux ans

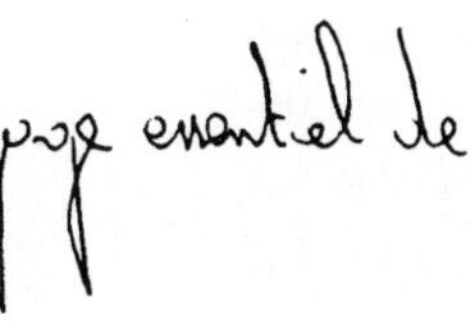

a) ❑ ambitieuse, dynamique
b) ❑ dépressive, malade
c) ❑ éprouvant des frustrations sur tous les plans

★ ★ ★

19. Homme, trente-six ans

a) ❑ n'ayant aucun intérêt pour la sexualité
b) ❑ à la libido forte
c) ❑ présentant des tendances homosexuelles

★ ★ ★

20. Homme, soixante-trois ans

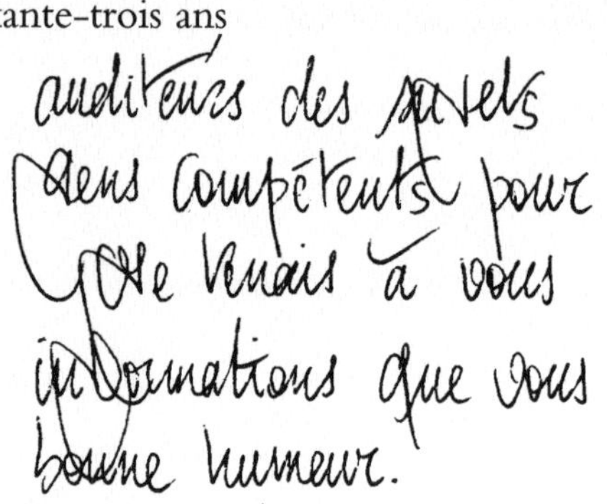

a) ❑ psychotique, malade
b) ❑ menteur, méchant
c) ❑ honnête, fiable

* * *

<u>*Remarque :*</u> s'il est nécessaire de disposer de quelques lignes d'écriture suivies de la signature, ainsi que de connaître l'âge, le sexe et la formation ou la profession du sujet pour pouvoir procéder à une analyse complète du caractère, il n'en va pas de même lorsqu'il s'agit simplement d'identifier la qualité ou le défaut essentiel du sujet. Pour ce faire, les petits tests qui suivent sont très utiles ; d'autant plus que dans la vie courante il arrive que l'on ne dispose que de quelques mots sur un chèque ou d'une adresse sur un morceau de papier.

Solutions de notre première série de tests

Comptez 5 points par réponse exacte ! Lisez les solutions attentivement !

1. a) Le sujet est dynamique et ambitieux. Son écriture est progressive, claire et de dimension normale. La pression est assez forte. La femme est sociable ; son graphisme est lié et bien espacé.
2. c) L'homme est angoissé comme le montre le tracé couvrant ou repris. Les lettres suspendues indiquent sa susceptibilité et les finales longues, en pointe, ses pulsions destructrices.

3. b) Le sujet est très diplomate et habile. Il sait mentir et dissimuler lorsque c'est nécessaire. Les lettres sont enroulées, discordantes (écrites de différentes façons), les tracés sont couvrants.
4. a) Le sujet a besoin de beaucoup d'affection. Son écriture est très ronde.
5. b) L'homme n'est pas un intellectuel. Il possède une créativité plutôt manuelle. Son graphisme est lent, grand et assez gauche, de pression forte.
6. b) Le sujet sait se concentrer. Son écriture est claire, droite, et traduit une pression forte.
7. c) Il existe une certaine fragilité de la santé. Graphisme de dimension et d'espaces variables. Les lettres sont tordues ou corrigées, la pression est faible.
8. c) La sexualité du sujet est peu satisfaisante. Les jambages sont larges et ouverts.
9. a) L'homme est intelligent, ambitieux, dynamique, viril et motivé par son travail. Son écriture est progressive, rapide, anguleuse, claire, bien espacée. La pression et les barres du « t » sont vigoureuses.
10. c) Le sujet possède une certaine créativité manuelle et artistique. Son écriture est très lente, droite, enroulée, et comporte des majuscules à l'intérieur des mots. La pression est forte.
11. a) Le sujet est très instable et déprimé. La ligne de base est très ondulée et descendante. L'inclinaison est variable, de même que la dimension des lettres. La pression est légère.
12. b) L'homme est dynamique. L'écriture est progressive, claire et de pression forte. Elle est assez grande et très lente. Le sujet a des dons artistiques manuels latents.
13. a) Le sujet est intelligent et possède une certaine maturité intellectuelle. Son graphisme est petit à moyen, très rapide, lié et à la ponctuation élevée.
14. b) Le sujet est très fragile, nerveux et instable. Il peut mentir. Les lettres sont enroulées et parfois discordantes, avec des crochets. La pression est très légère.
15. c) Le sujet est très intelligent et diplomate. Il possède une grande habileté commerciale. Son écriture comporte une ligne de

base très droite et une pression forte ; elle est filiforme (ressemblant à un fil).

16. c) Le sujet a des fantasmes sexuels peu avouables. Son graphisme est boueux, aux lettres remplies d'encre.
17. c) Le sujet peut s'emporter. Les barres du « t » sont trop longues et les tracés surélevés ; voir à la lettre « v ».
18. c) La jeune fille est frustrée sur les plans sexuel et professionnel. Les hampes et les jambages sont excessivement surélevés ou longs.
19. c) L'homme est homosexuel. L'écriture est très ronde aux jambages tordus.
20. b) Le sujet est agressif, méchant et menteur. Son écriture est anguleuse, et très confuse. Ses pulsions destructrices et ses colères s'observent dans le tracé final montant et se terminant en pointe d'épée. Il existe des petits crochets. Cet homme est dangereux. Il s'agit d'un repris de justice.

Vos résultats : *(5 points par réponse exacte!)*

85 – 100 : excellent
70 – 80 : bon
55 – 65 : assez bon
35 – 50 : suffisant
0 – 30 : recommencez l'étude du manuel !

Dixième leçon

Deuxième série de tests

1. Homme, trente-sept ans

Je sui venu en voiture avec des Amis paser une excellente journée

a) ❑ ayant un sens aigu de la diplomatie
b) ❑ agressif
c) ❑ voleur

* * *

2. Femme, vingt-cinq ans

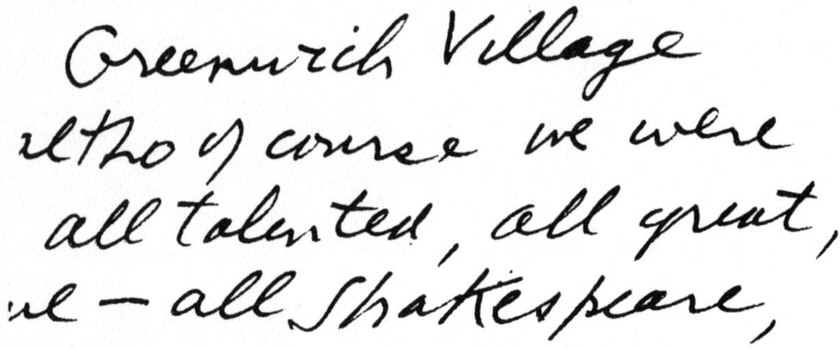

a) ❑ inhibée, paresseuse
b) ❑ peu fiable, menteuse
c) ❑ équilibrée, dynamique

* * *

3. Femme, soixante-deux ans

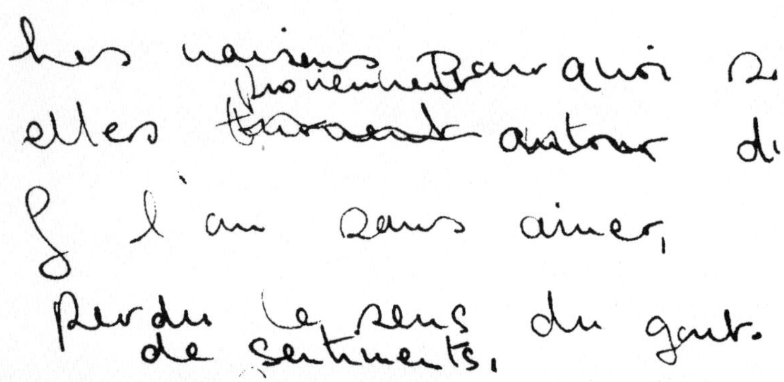

a) ❑ de santé robuste
b) ❑ pleine de joie de vivre, équilibrée
c) ❑ angoissée, déprimée, névrosée

* * *

4. Femme, trente et un ans

Ce matin j'ai mangé
une banane –
J'ai appelé un taxi qui

a) ❑ de santé fragile
b) ❑ dynamique, équilibrée
c) ❑ inhibée, paresseuse

* * *

5. Jeune homme, vingt-trois ans

N'ayant pas été convaincu par
j'ai utilisé précédemment, je fais donc
secteur professionnel vers lequel je dois me

a) ❑ manque de maturité
b) ❑ ayant le sens des responsabilités
c) ❑ fourbe

* * *

6. Femme, cinquante-quatre ans

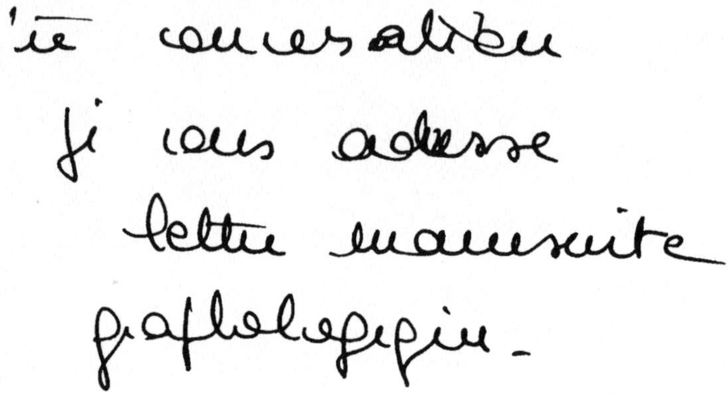

a) ❑ honnête
b) ❑ hypocrite
c) ❑ stupide

* * *

7. Homme, soixante-douze ans

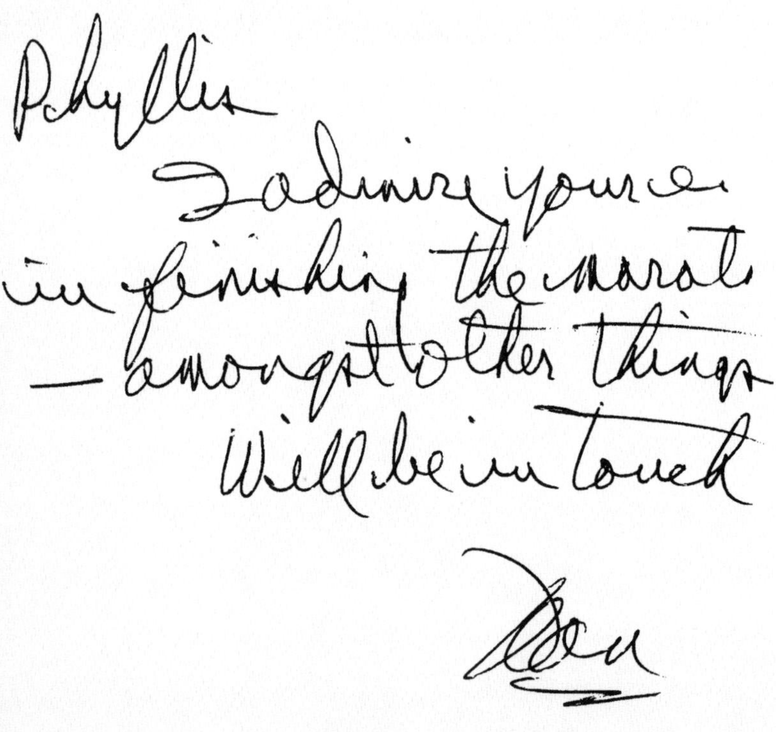

a) ❏ dynamique et de santé robuste
b) ❏ physiquement malade
c) ❏ psychotique

* * *

8. Femme, trente-neuf ans

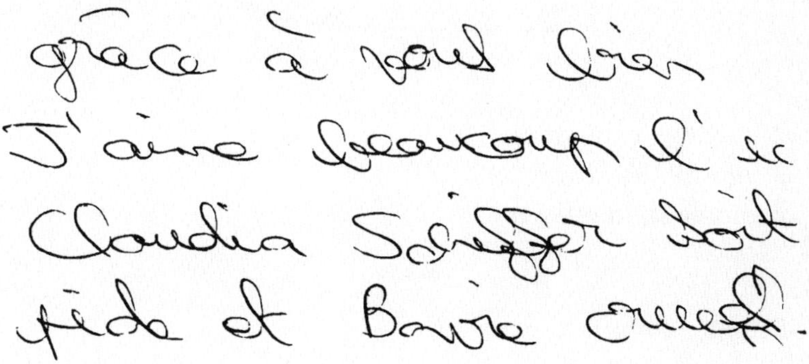

a) ❏ pleine de joie de vivre
b) ❏ cupide, indolente
c) ❏ douée d'une grande capacité de travail

* * *

9. Homme, trente-cinq ans

a) ❏ dissimulateur
b) ❏ volubile
c) ❏ honnête

* * *

10. Homme, quarante-neuf ans

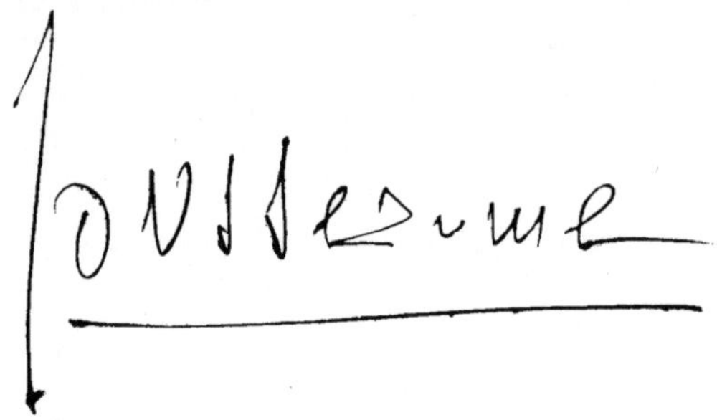

a) ❑ aimable, généreux
b) ❑ agressif, méchant
c) ❑ indolent, indifférent

* * *

11. Femme, cinquante-deux ans

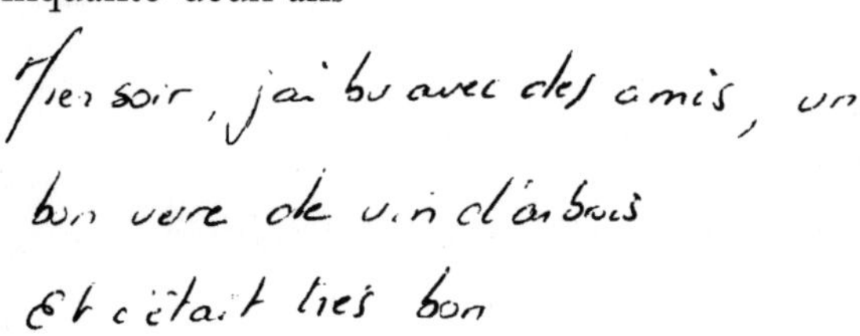

a) ❑ attachée à sa famille
b) ❑ à l'intelligence réduite
c) ❑ vive d'esprit, intellectuellement créative

* * *

12. Jeune fille, vingt et un ans

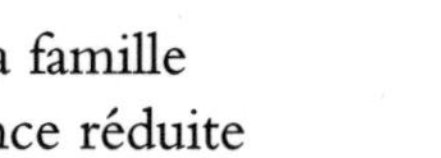

a) ❑ virile
b) ❑ de santé précaire
c) ❑ manipulatrice

* * *

13. Homme, trente-neuf ans

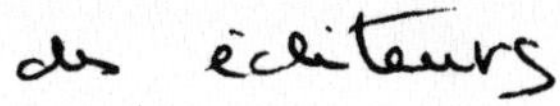

a) ❑ ambitieux
b) ❑ animé de pulsions destructrices
c) ❑ hypocrite, menteur

★ ★ ★

14. Femme, quarante-cinq ans

a) ❑ instable
b) ❑ équilibrée
c) ❑ de santé robuste

★ ★ ★

15. Jeune fille, vingt-trois ans

a) ❑ agressive
b) ❑ possessive et jalouse
c) ❑ douée de créativité artistique manuelle

★ ★ ★

16. Homme, vingt-cinq ans

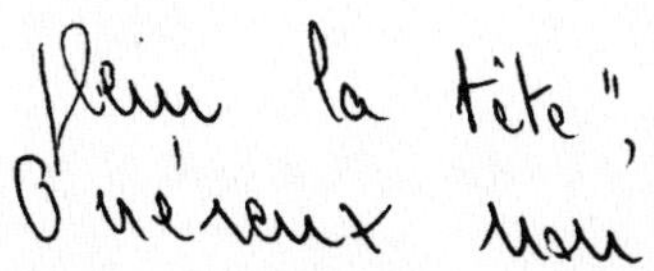

a) ❑ fiable, honnête
b) ❑ inhibé, hypocrite
c) ❑ dynamique, ambitieux

★ ★ ★

17. Homme, trente-cinq ans

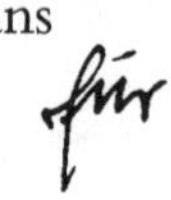

a) ❑ se sentant supérieur
b) ❑ nerveux, angoissé
c) ❑ méchant, cupide

* * *

18. Femme, cinquante-sept ans

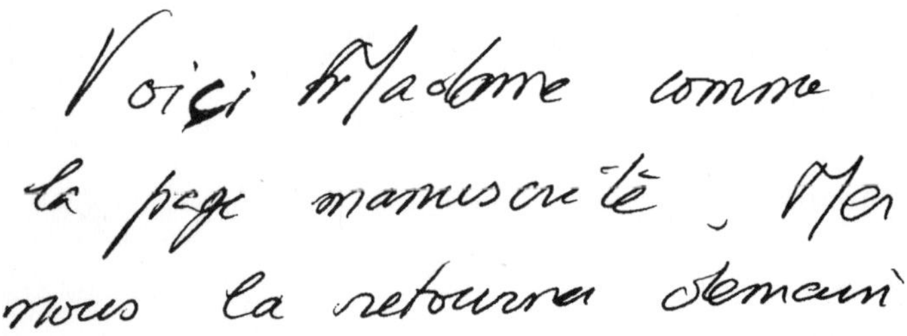

a) ❑ angoissée, peu fiable
b) ❑ aimable, honnête
c) ❑ équilibrée, ayant le sens des responsabilités

* * *

19. Homme, soixante-deux ans

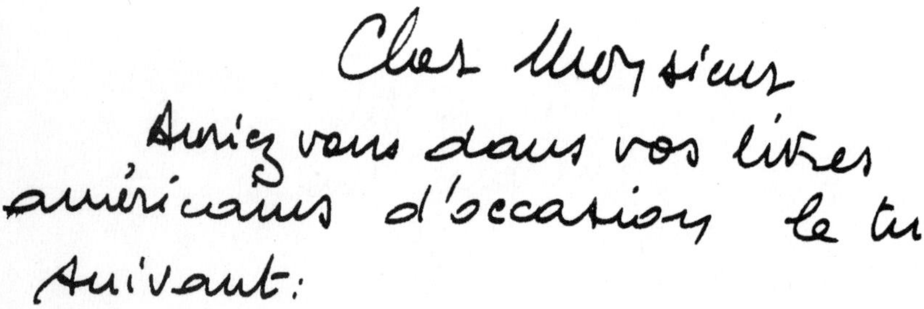

a) ❑ persévérant, ayant des aptitudes commerciales
b) ❑ paresseux, inhibé
c) ❑ d'intelligence réduite

* * *

20. Jeune fille, dix-neuf ans

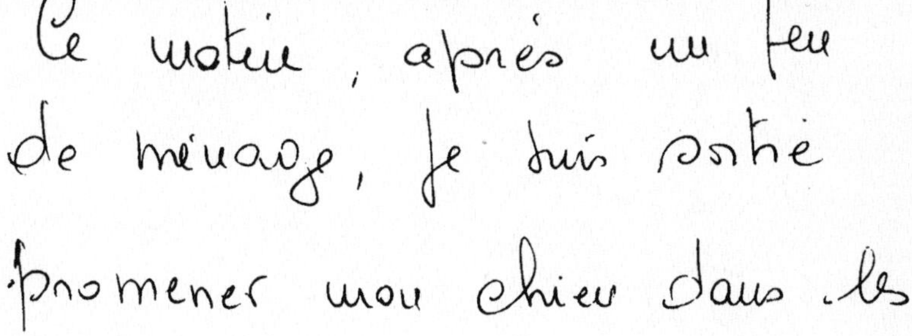

a) ❑ de grande maturité
b) ❑ ayant le sens des responsabilités
c) ❑ au caractère infantile, au charme juvénile

★ ★ ★

21. Homme, soixante-trois ans

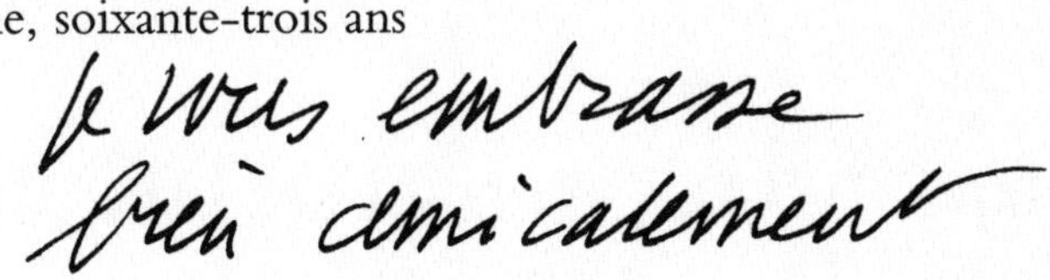

a) ❑ dynamique, voire emporté
b) ❑ méchant, violent
c) ❑ frustré

★ ★ ★

22. Femme, cinquante-cinq ans

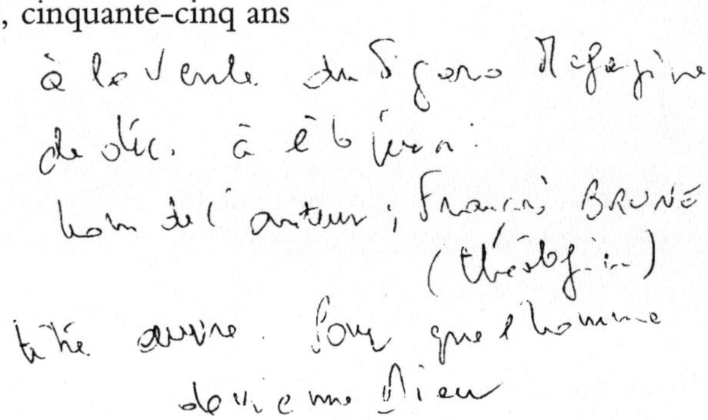

a) ❑ ayant des dons manuels mais une maturité réduite
b) ❑ indolente, manquant d'énergie
c) ❑ d'intelligence supérieure, nerveuse, instable

★ ★ ★

23. Homme, cinquante-sept ans

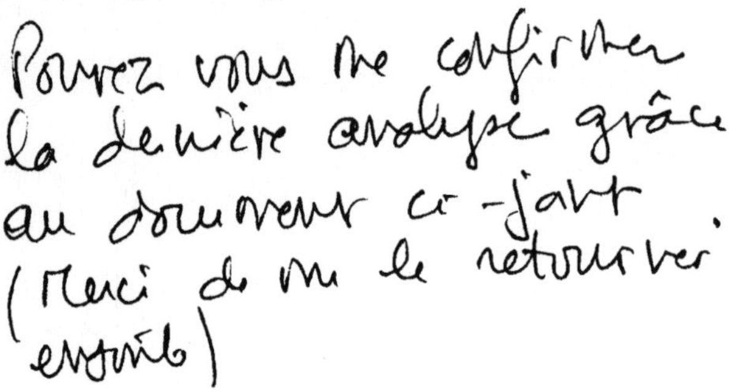

Pouvez vous me confirmer la dernière analyse grâce au document ci-joint (merci de me le retourner ensuite)

a) ❑ affectivement stable et fidèle
b) ❑ infidèle et instable du point de vue sentimental
c) ❑ indifférent et peu affectueux

* * *

24. Femme, trente ans

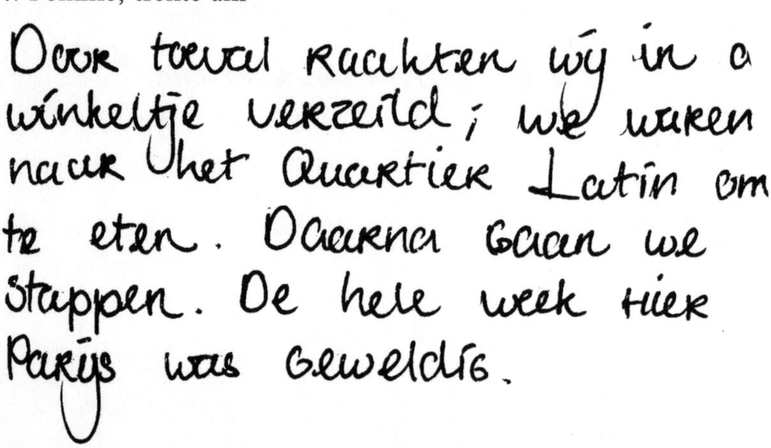

Door toeval raakten wij in a winkeltje verzeild; we waren naar het Quartier Latin om te eten. Daarna gaan we stappen. De hele week hier Parijs was geweldig.

a) ❑ équilibrée, créative intellectuellement
b) ❑ manquant de maturité, névrosée
c) ❑ ambitieuse, motivée professionnellement

* * *

25. Homme, quarante-trois ans

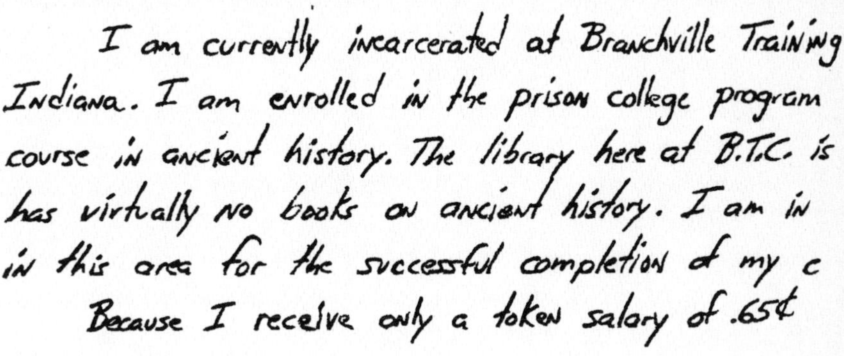

a) ❑ honnête, fiable
b) ❑ ayant des tendances criminelles, assassin potentiel
c) ❑ indolent, de santé précaire

* * *

Solutions des tests de la dixième leçon

1. a) Le sujet est très intelligent et diplomate. Il sait mentir et dissimuler quand c'est nécessaire, c'est-à-dire souvent. L'écriture est rapide, petite, aux lettres discordantes, écrites de différentes façons et souvent enroulées.
2. c) La jeune femme est équilibrée et très dynamique. Elle est motivée par ses études et par son travail. Son graphisme est grand, clair, progressif et bien espacé. La pression est assez forte et régulière.
3. c) Le sujet est de santé psychique précaire. Son écriture est plutôt régressive, de pression légère à variable, aux lettres de dimensions variables, corrigées ou aux tracés couverts, voire discordantes.
4. b) Le sujet est de santé robuste, dynamique et travailleur. Son écriture est claire, lisible, progressive et de bonne pression régulière.
5. a) Le sujet manque de maturité. Son écriture, très lente, droite et gauche, ressemble à celle d'un enfant de douze ans. Les dons de cette personne sont plus manuels qu'intellectuels.

6. b) La femme n'est pas très honnête. Ses lettres sont discordantes et ont des tracés enroulés et souvent couverts. Les guirlandes festonnées montrent combien elle cherche à plaire et à séduire par n'importe quel moyen.
7. c) Le sujet souffre de problèmes psychiques graves. Les lettres sont discordantes, d'inclinaison variable. Les enroulements, crochets et tracés en pointe d'épée indiquent ses pulsions destructrices.
8. b) Le sujet est cupide et indolent. Il cherche à avoir beaucoup d'argent en faisant un minimum d'efforts. Son écriture est régressive, très ronde et enroulée. Les lettres aux «s» noyautés trahissent sa possessivité.
9. a) Le sujet sait dissimuler. Les lettres ont des tracés couverts.
10. b) L'homme est très agressif, méchant et cupide. Il peut repousser ses meilleurs amis avec violence. On observe de nombreux crochets régressifs, et un tracé final acéré. La pression est très forte, les angles sont prononcés.
11. c) Le sujet est très intelligent. Il possède une grande vivacité d'esprit. Il a une excellente intuition. Son écriture est petite, rapide progressive, claire et juxtaposée.
12. c) La personne sait manipuler autrui par son charme. En témoignent les arcades et les rondeurs.
13. b) Il existe une certaine violence destructrice chez cet homme. La barre du «t» est longue et pointue comme une épée (elle est dite: acérée).
14. a) La femme est psychologiquement très instable. Les lettres sont discordantes et d'inclinaison variable.
15. b) La jeune fille est très possessive et jalouse, comme l'indique la forme du «s» noué en lassos.
16. b) Le sujet est inhibé et hypocrite. Son écriture est régressive, aux lettres tordues.
17. c) L'homme est foncièrement méchant et cupide. On note les angles et les crochets.
18. a) Le sujet est angoissé. Il ment et dissimule ses problèmes tout en cherchant à manipuler autrui. Les lettres sont discordantes, corrigées, aux tracés couvrants, avec des arcades, des crochets (prenez votre loupe pour les examiner!)

19. a) Le sujet a des dons commerciaux. Il est sociable et persévérant. Son écriture est claire, liée, aux tracés noués, en lassos.
20. c) La jeune fille manque de maturité, elle est restée assez enfantine. Son écriture est très ronde, droite, lente et en guirlandes suivies d'arcades. Il existe des enroulements régressifs, qui montrent l'égoïsme du sujet.
21. a) L'homme est intelligent et dynamique. Il peut s'emporter. Il s'agit d'un sujet bisexuel.
22. c) Le sujet possède une grande créativité intellectuelle. Il est cependant très nerveux et instable intérieurement. Son graphisme est léger, rapide, petit, aux lettres discordantes et à la ligne de base extrêmement ondulée.
23. b) Le sujet est intelligent, mais psychiquement et affectivement assez instable. Il n'est pas très fidèle. Les lettres sont en effet discordantes et les jambages de formes et de longueurs variées.
24. b) La personne souffre de problèmes anciens mal surmontés. Ses sentiments sont déviés et elle manque de maturité. Elle est psychiquement malade, névrosée. Son écriture est lente, de pression très forte, et comporte des majuscules à l'intérieur des mots. L'ensemble présente un aspect monotone.
25. b) Il s'agit d'un criminel incarcéré. Son écriture est très lente, infantile et monotone.

Vos résultats : *(5 points par réponse exacte!)*

115 –125 : excellent
95 –110 : bon
80 – 90 : assez bon
50 – 75 : suffisant
0 – 45 : recommencez la lecture du manuel !

Conclusion

Vous avez à présent acquis quelques notions de graphologie et vous vous êtes rendu compte qu'il n'est pas nécessaire d'avoir une instruction supérieure ni d'avoir fait de longues années d'étude pour pouvoir appliquer cette technique assez précise, et utile, bien qu'elle ne soit pas une science.

Vos résultats des deux dernières leçons vous ont sans aucun doute convaincu que vous pouvez appliquer immédiatement vos connaissances graphologiques, et cela, malgré le scepticisme de certains. Il vous suffit à présent d'inciter ces derniers à écrire quelques lignes sur un papier et de hasarder une ou deux remarques pertinentes sur leur personnalité pour les convaincre du contraire !

Du même auteur

L'Araignée d'Angkor, récits, éditions L. A. F., 1971 (épuisé)
Le Marbre de Carrare, recueil de nouvelles, éditions L. A. F., 1974 (épuisé)
Les Échecs en 3 jours, éditions Solar, 1974
Les Échecs, éditions Denoël, 1976
Devenez un bon joueur d'échecs, éditions Eyrolles, 1979
Le Guide des échecs, éditions Nathan, 1980
Schule des Schachs, éditions Beyer, 1983
Échecs et Maths, éditions Marabout, 1983
Les Ouvertures, éditions Marabout, 1983
Les Finales, éditions Marabout, 1984
Les Finales, éditions de l'Homme, 1984
La Graphologie, éditions de l'Homme, 1984
Graphologie et maladie, éditions Maloine, 1985
Graphologie et Santé, éditions SIDES, 1986
Les Secrets d'autrui par la graphologie, éditions Lattès, 1987
Pratique de la graphologie, éditions Pierre Bordas, 1987
Connaître son enfant par ses dessins et son écriture, éditions Flammarion, 1990
La Graphologie au service de votre vie intime, éditions de l'Homme, 1992
Initiation à la graphologie, éditions Flammarion, 1993
Pratique de la graphologie, éditions France-Loisirs, 1996
Sexualité et graphologie, éditions Flammarion, 1996.
Poésies, éditions Cahier de la Poésie, 1997

Ces ouvrages, traduits dans différentes langues, sont parus aux États-Unis, en Hollande, en Allemagne, en Roumanie et au Brésil.

Table des matières

Cet ouvrage a été achevé d'imprimer
au Canada en novembre 2002.

Transcontinental
IMPRESSION
IMPRIMERIE GAGNÉ

IMPRIMÉ AU CANADA